Impressum
Verlag: BABADADA GmbH, Nedderfeld 112 , 22529 Hamburg
Geschäftsführer / Verlagsleitung: Harald Hof
Druck: Books on Demand GmbH, In de Tarpen 42, 22848 Norderstedt

Imprint
Publisher: BABADADA GmbH, Nedderfeld 112 , 22529 Hamburg, Germany
Managing Director / Publishing direction: Harald Hof
Print: Books on Demand GmbH, In de Tarpen 42, 22848 Norderstedt

koulu

shule

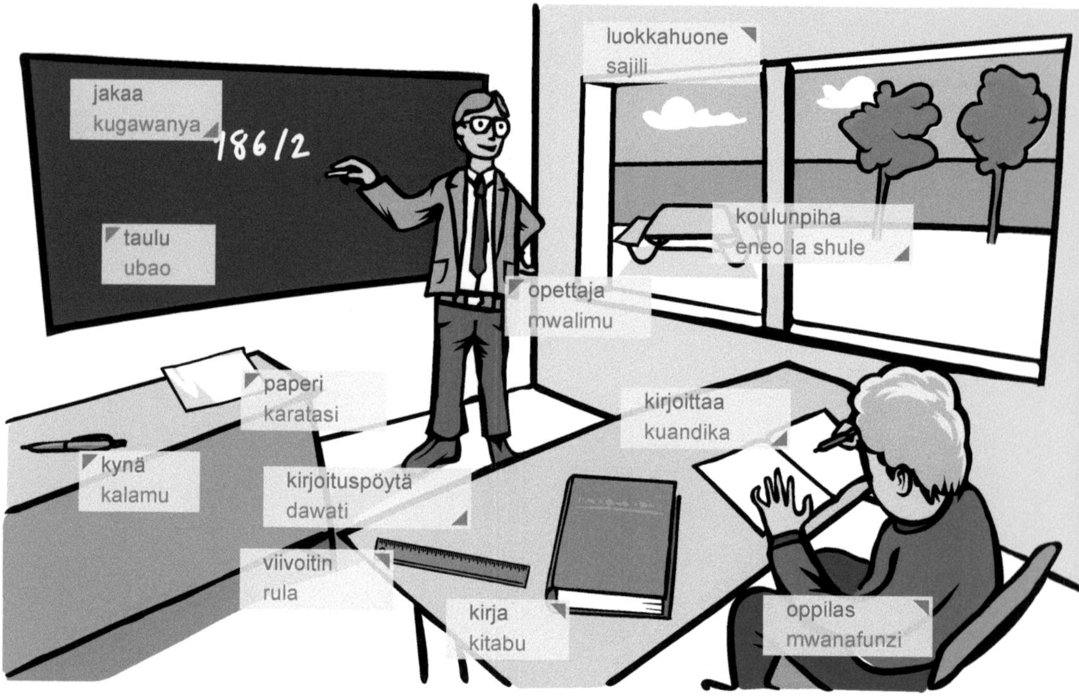

luokkahuone
sajili
jakaa
kugawanya
186/2
taulu
ubao
koulunpiha
eneo la shule
opettaja
mwalimu
paperi
karatasi
kirjoittaa
kuandika
kynä
kalamu
kirjoituspöytä
dawati
viivoitin
rula
kirja
kitabu
oppilas
mwanafunzi

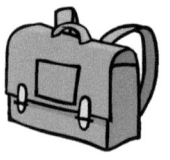

reppu

mkoba

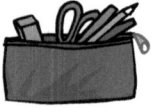

penaali

kikasha cha penseli

lyijykynä

penseli

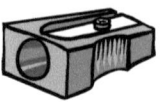

kynänteroitin

kichonga penseli

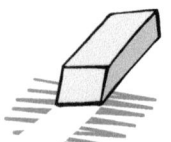

pyyhekumi

mpira

piirustuslehtiö

pedi ya kuchora

piirustus

uchoraji

pensseli

brashi ya rangi

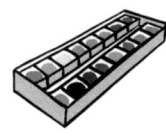

vesivärit

sanduku la rangi

sakset

mkasi

liima

gundi

harjoituskirja

daftari

kotitehtävä

kazi ya nyumbani

luku

nambari

lisätä

jumlisha

vähentää

ondoa

kertoa

zidisha

laskea

kokotoa

kirjain

barua

aakkoset

alfabeti

sana

neno

teksti

maandishi

lukea

kusoma

liitu

chaki

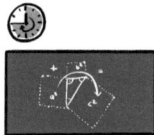

oppitunti

somo

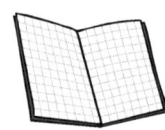

opettajan muistikirja

sajili

koe

uchunguzi

todistus

cheti

koulupuku

sare za shule

koulutus

elimu

sanakirja

elezo

yliopisto

chuo kikuu

mikroskooppi

darubini

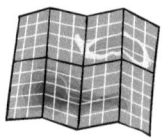

kartta

ramani

roskakori

kikapu cha kuweka karatasi chafu

matka
usafiri

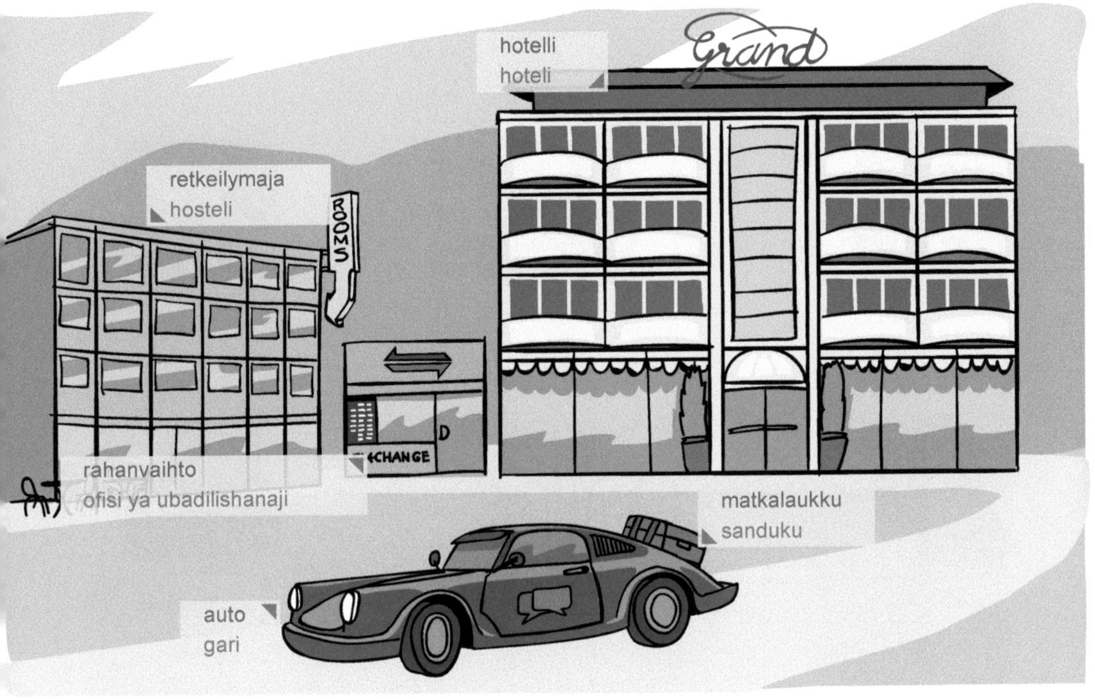

hotelli
hoteli
Grand
retkeilymaja
hosteli
ROOMS
EXCHANGE
rahanvaihto
ofisi ya ubadilishanaji
matkalaukku
sanduku
auto
gari

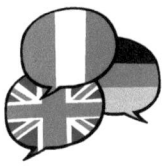

kieli

lugha

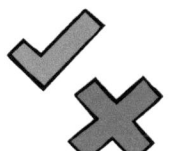

kyllä / ei

ndiyo / la

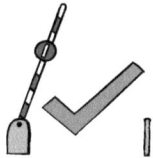

selvä

sawa

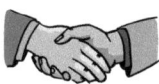

hei

hujambo

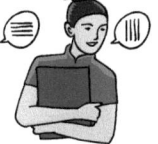

tulkki

mtafsiri

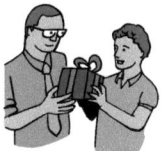

kiitos

Asante

Paljonko...maksaa?

kiasi gani ni ...?

en ymmärrä

Sielewi

ongelma

tatizo

Hyvää iltaa!

Jioni njema!

Hyvää huomenta!

Habari za asubuhi!

Hyvää yötä!

Usiku mwema!

näkemiin

kwa heri

suunta

mwelekeo

matkatavarat

mizigo

laukku

mfuko

reppu

shanta

vieras

mgeni

huone

chumba

makuupussi

begi la kulalia

teltta

hema

turisti-info

taarifa ya utalii

ranta

ufuo

luottokortti

kadi

aamupala

kifunguakinywa

lounas

chakula cha mchana

päivällinen

chakula cha jioni

matkalippu

tiketi

hissi

kuinua

postimerkki

muhuri

raja

mpaka

tulli

mila

suurlähetystö

ubalozi

viisumi

visa

passi

pasipoti

kuljetus
usafiri

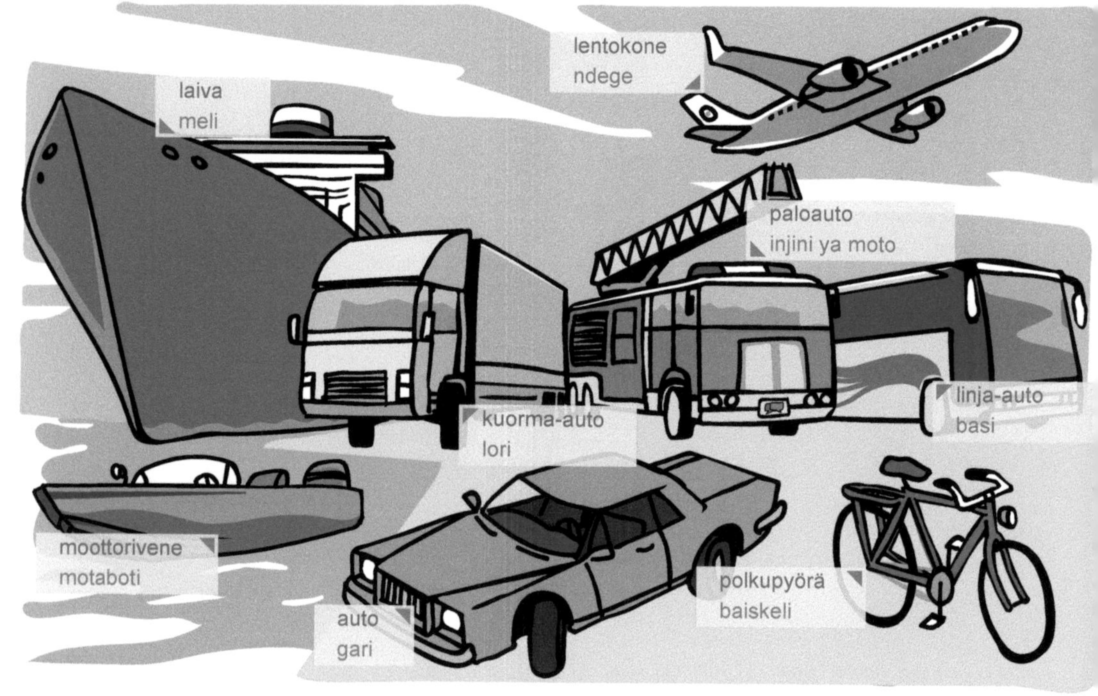
lentokone
ndege
laiva
meli
paloauto
injini ya moto
linja-auto
basi
kuorma-auto
lori
moottorivene
motaboti
polkupyörä
baiskeli
auto
gari

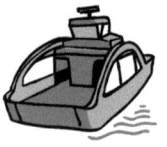

lautta

feri

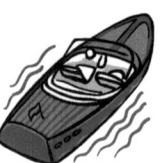

vene

mashua

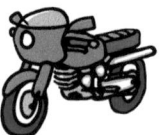

moottoripyörä

pikipiki

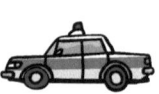

poliisiauto

gari la polisi

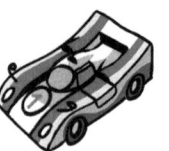

kilpa-auto

gari la mashindano

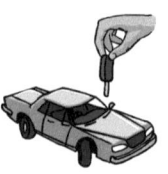

vuokra-auto

gari la kukodisha

car sharing

kushiriki gari

hinausauto

lori la kuvuta

roska-auto

ukusanyaji taka

moottori

motor

polttoaine

mafuta

huoltoasema

kituo cha mafuta

liikennemerkki

ishara trafiki

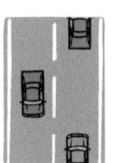

liikenne

trafiki

ruuhka

msongamano

parkkipaikka

maegesho

rautatieasema

kituo cha treni

raiteet

reli

juna

garimoshi

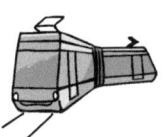

raitiovaunu

tremu

vaunu

gari la mizigo

helikopteri

helikopta

lentokenttä

uwanja wa ndege

lähilennonjohto

mnara

matkustaja

abiria

kontti

chombo

pahvilaatikko

katoni

kärryt

mkokoteni

kori

kikapu

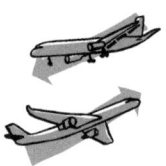

nousta / laskea

ondoka

kaupunki

jiji

kylä

kijiji

keskusta

katikati ya jiji

talo

nyumba

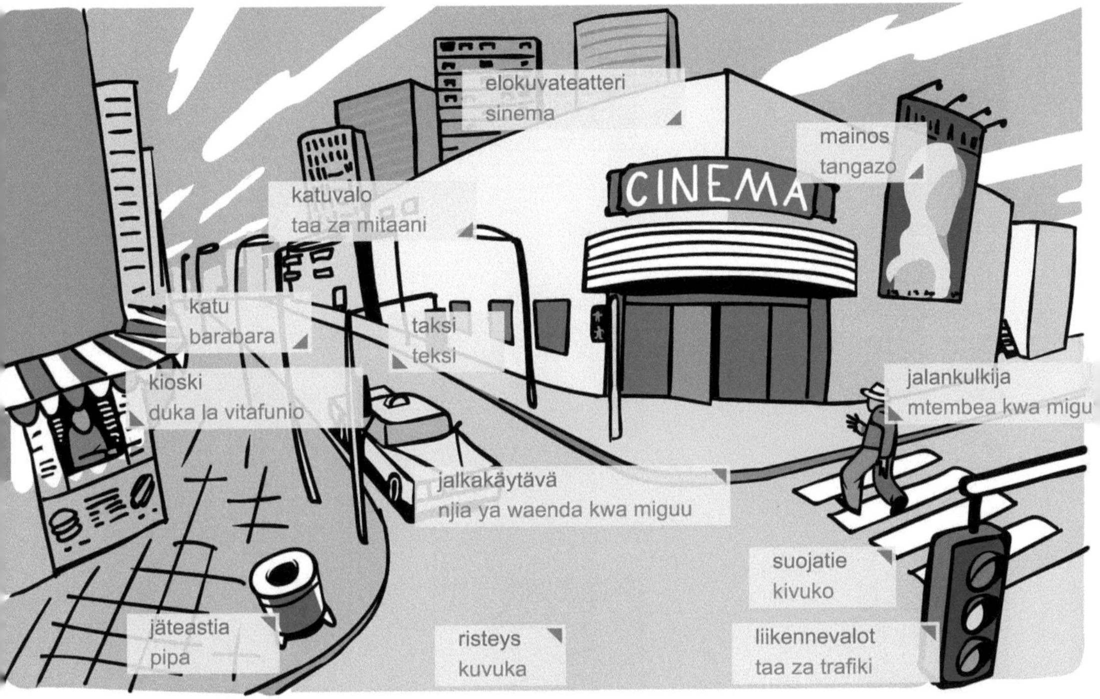

elokuvateatteri
sinema

mainos
tangazo

katuvalo
taa za mitaani

CINEMA

katu
barabara

taksi
teksi

kioski
duka la vitafunio

jalankulkija
mtembea kwa migu

jalkakäytävä
njia ya waenda kwa miguu

suojatie
kivuko

jäteastia
pipa

risteys
kuvuka

liikennevalot
taa za trafiki

mökki
....
kibanda

kerrostalo
....
gorofa

rautatieasema
....
kituo cha treni

kaupungintalo
....
ukumbi wa mji

museo
....
Makavazi

koulu
....
shule

kaupunki - jiji

yliopisto

chuo kikuu

pankki

benki

sairaala

hospitali

hotelli

hoteli

apteekki

duka la dawa

toimisto

ofisi

kirjakauppa

duka la kitabu

liike

duka

kukkakauppa

duka la maua

supermarketti

dukakuu

tori

soko

tavaratalo

idara ya kuhifadhi

kalakauppias

mwuza samaki

ostoskeskus

kituo cha ununuzi

satama

bandari

puisto

Hifadhi

penkki

benki

silta

daraja

portaat

vidato

metro

chini ya ardhi

tunneli

handaki

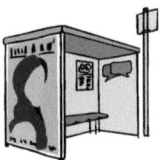

linja-autopysäkki

kituo cha mabasi

baari

bar

ravintola

mgahawa

postilaatikko

sanduku la posta

katukyltti

ishara ya barabara

parkkimittari

mita ya maegesho

eläintarha

bustani ya wanyama

uimala

kidimbwi cha kuogelea

moskeija

msikiti

maatila
shamba

ympäristön saastuminen
uchafuzi

hautausmaa
makaburini

kirkko
kanisa

leikkikenttä
uwanja wa michezo

temppeli
hekalu

maisema
mazingira

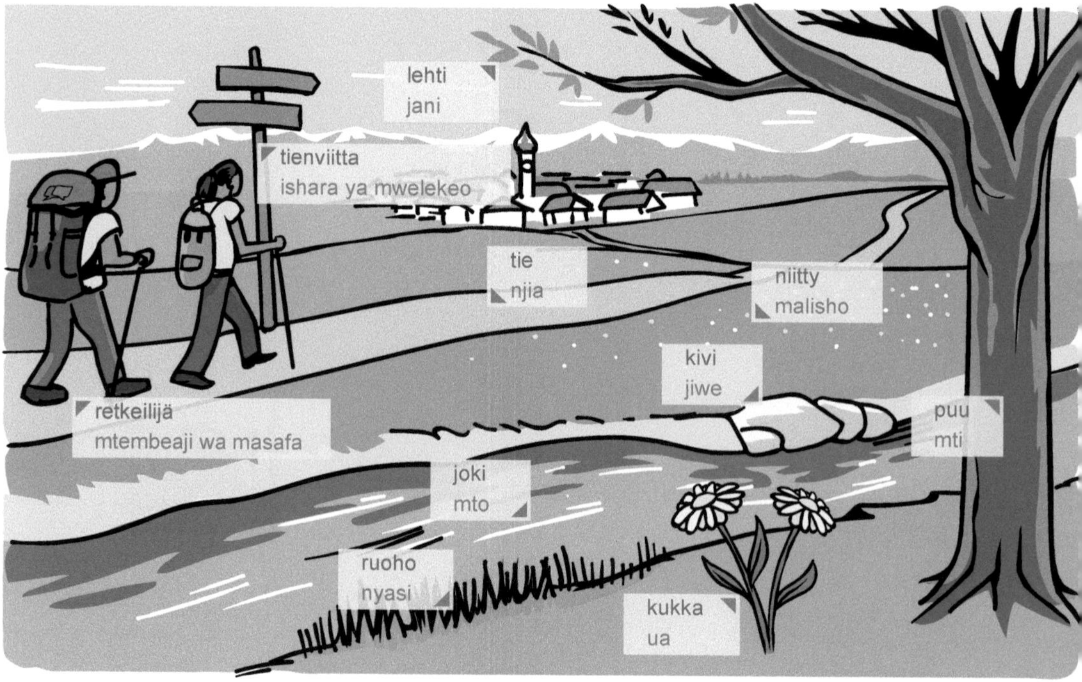

lehti
jani

tienviitta
ishara ya mwelekeo

tie
njia

niitty
malisho

kivi
jiwe

retkeilijä
mtembeaji wa masafa

puu
mti

joki
mto

ruoho
nyasi

kukka
ua

laakso
bonde

vuori
kilima

järvi
ziwa

metsä
msitu

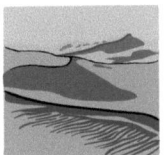

aavikko
jangwa

tulivuori
volkano

linna
ngome

sateenkaari
upinde wa mvua

sieni
uyoga

palmu
mtende

hyttynen
mbu

kärpänen
kuruka

muurahainen
chungu

mehiläinen
nyuki

hämähäkki
buibui

kovakuoriainen

mende

sammakko

chura

orava

kuchakuro

siili

nungunungu

jänis

sungura

pöllö

bundi

lintu

ndege

joutsen

swan

villisika

nguruwe mwitu

peura

kulungu

hirvi

aina ya kongoni

pato

bwawa

tuulimylly

tabo ya upepo

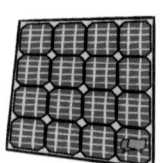

aurinkopaneeli

nishaji ya jua

ilmasto

hali ya hewa

ravintola
mgahawa

tarjoilija
mhudumu
ruokalista
menyu
tuoli
kiti
keitto
supu
pitsa
piza
ruokailuvälineet
vilia
pöytäliina
kitambaa cha mezani

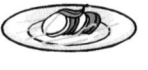

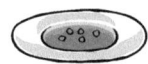

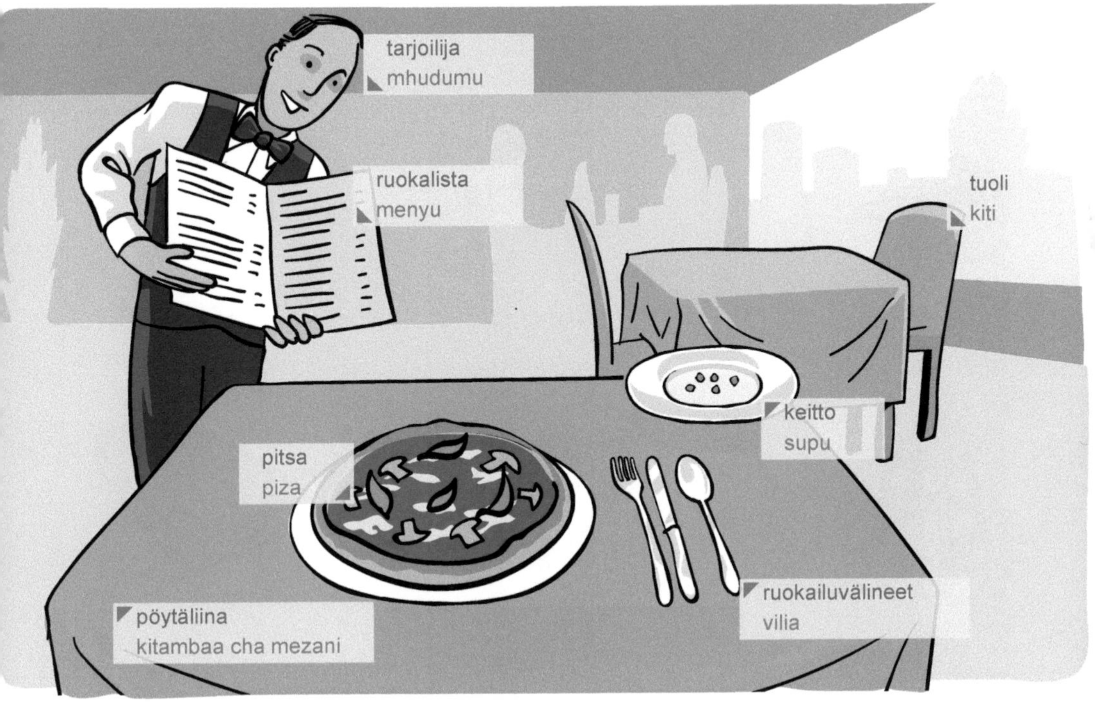

alkuruoka

kiamsha hamu

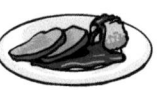

pääruoka

kozi kuu

jälkiruoka

kitindamlo

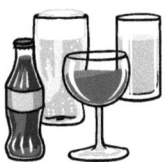

juomat

vinywaji

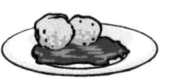

ruoka

chakula

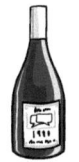

pullo

chupa

pikaruoka

chakula cha haraka

katuruoka

Streetfood

teekannu

buli

sokeriastia

kisanduku cha sukari

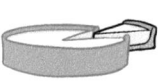

annos

sehemu

espressokeitin

mashine ya espresso

syöttötuoli

kiti kirefu

lasku

muswada

tarjotin

trei

veitsi

kisu

haarukka

uma

lusikka

kijiko

teelusikka

kijiko cha chai

servietti

nepi

lasi

glasi

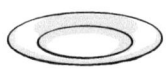

lautanen

sahani

syvä lautanen

sahani ya supu

aluslautanen

sufuria

kastike

mchuzi

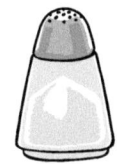

suolasirotin

kichanyaji chumvi

pippurimylly

kinu cha pilipili

etikka

siki

öljy

mafuta

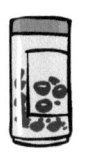

mausteet

viungo

ketsuppi

kechapu

sinappi

haradali

majoneesi

kachumbari nzito

supermarketti
dukakuu

tarjous
ofa maalum
FOR
asiakas
mteja
maitotuotteet
maziwa
hedelmät
matunda
ostoskärryt
toroli

BUTCHERS

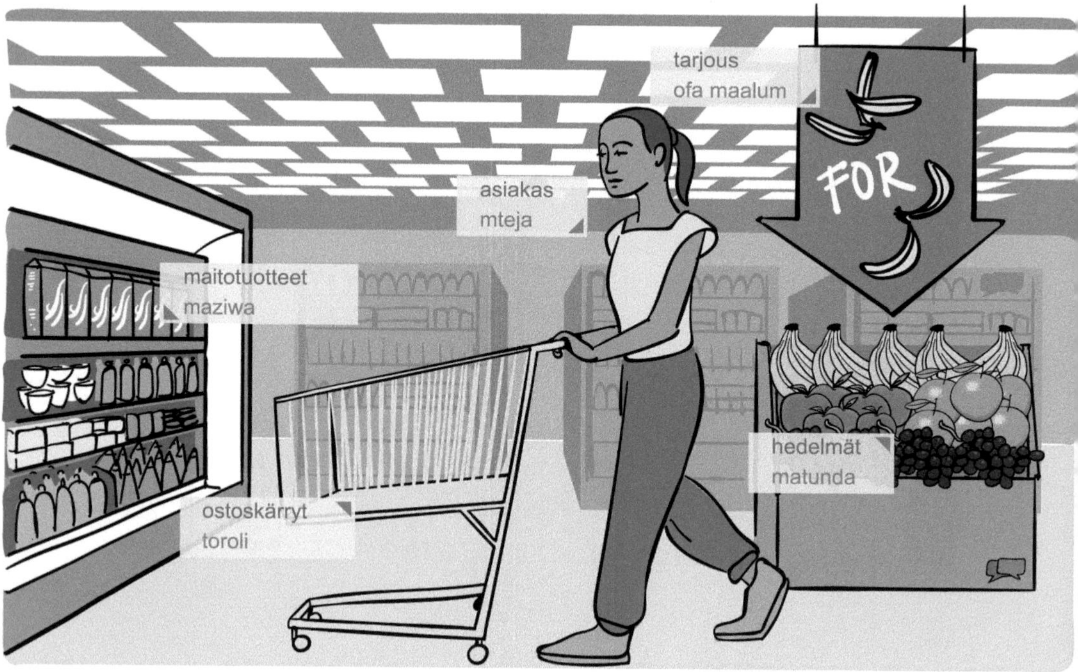

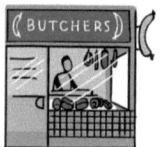

teurastamo

mchinjaji

BAKERY

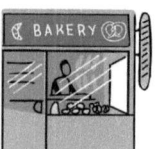

leipomo

mwokaji

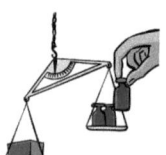

punnita

uzito

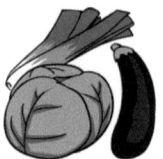

kasvikset

mboga

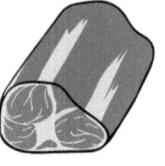

liha

nyama

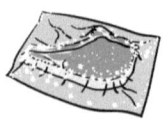

pakasteet

chakula waliohifadhiwa

leikkele

vipande vya nyama baridi

säilykkeet

chakula cha kopo

pesujauhe

sabuni ya unga

makeiset

pipi

kotitaloustarvikkeet

bidhaa za kaya

puhdistusaineet

bidhaa za kusafisha

myyjä

mtu mauzo

kassa

mpaka

kassanhoitaja

keshia

ostoslista

orodha ya manunuzi

aukioloajat

masaa ya ufunguzi

lompakko

mkoba

luottokortti

kadi

kassi

mfuko

muovipussi

mfuko wa plastiki

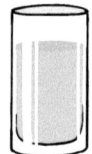

vesi

maji

mehu

sharubati

maito

maziwa

kokis

coke

viini

mvinyo

olut

bia

alkoholi

pombe

kaakao

kakao

tee

chai

kahvi

kahawa

espresso

spreso

cappuccino

kapuchino

banaani

ndizi

omena

tufaha

appelsiini

machungwa

meloni

tikiti

sitruuna

lemon

porkkana

karoti

valkosipuli

kitunguu saumu

bambu

mianzi

sipuli

kitunguu

sieni

uyoga

pähkinät

karanga

spagetti

nudo

spagetti

spageti

riisi

mpunga

salaatti

saladi

ranskalaiset

vibanzi

paistetut perunat

viazi vya kukaanga

pitsa

piza

hampurilainen

hambaga

voileipä

sandwichi

leike

kipande

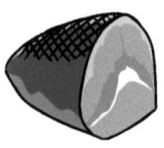

kinkku

paja la mnyama

salami

salami

makkara

soseji

kana

kuku

paisti

choma

kala

samaki

kaurahiutaleet

oats ya uji

mysli

muesli

murot

cornflakes

jauho

unga

voisarvi

kroisanti

sämpylä

andazi

leipä

mkate

paahtoleipä

mkate wa kubanika

keksit

biskuti

voi

siagi

rahka

maziwa mgando

kakku

keki

kananmuna

yai

paistettu kananmuna

yai kukaanga

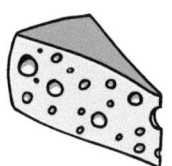

juusto

jibini

jäätelö

aiskrimu

sokeri

sukari

hunaja

asali

hillo

jemu

suklaapähkinälevite

kuenea kwa chokoleti

curry

mchuzi wa viungo

ruoka - chakula

maatila
shamba

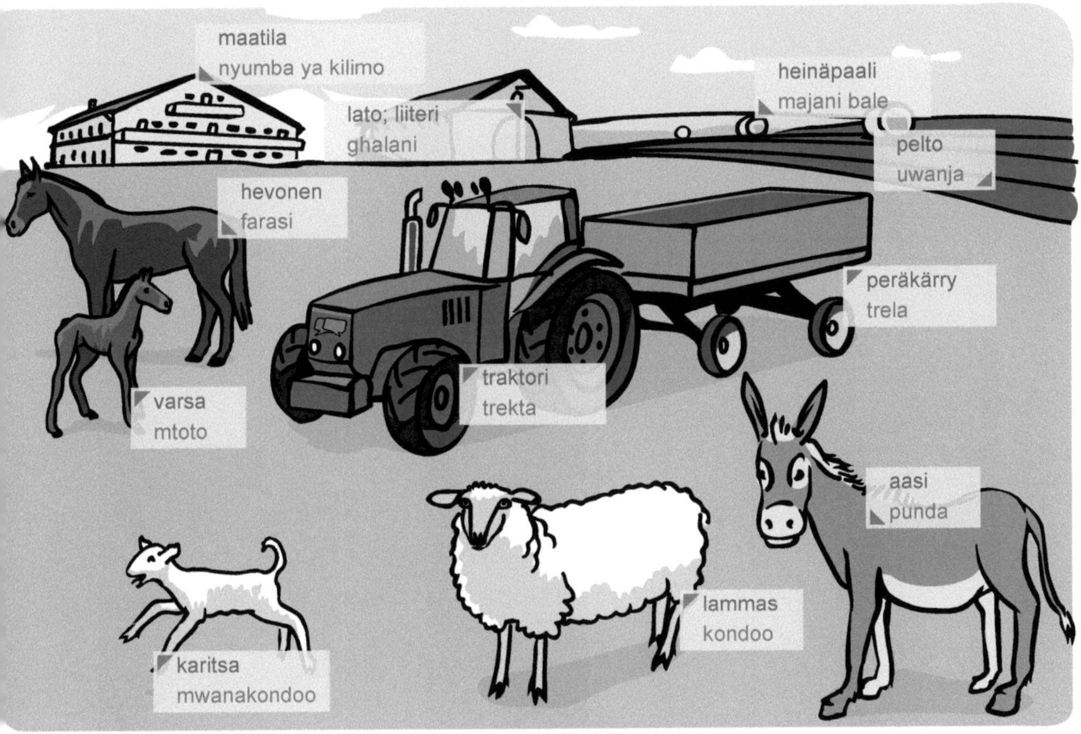
maatila
nyumba ya kilimo
lato; liiteri
ghalani
heinäpaali
majani bale
pelto
uwanja
hevonen
farasi
peräkärry
trela
traktori
trekta
varsa
mtoto
aasi
punda
lammas
kondoo
karitsa
mwanakondoo

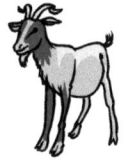

vuohi

mbuzi

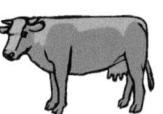

lehmä

ng'ombe

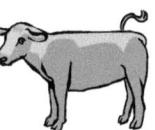

vasikka

ndama

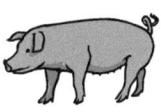

sika

nguruwe

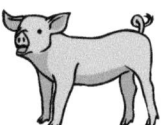

porsas

mwananguruwe

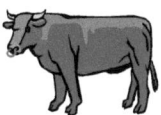

sonni

fahali

hanhi
batabukini

ankka
bata

tipu
kifaranga

kana
kuku

kukko
jogoo

rotta
panya

kissa
paka

hiiri
panya

härkä
ng'ombe

koira
mbwa

koirankoppi
nyumba ya mbwa

puutarhaletku
bomba la bustani

kastelukannu
debe la kumwagilia maji

viikate
fyekeo

aura
kulima

sirppi

mundu

kuokka

jembe

talikko

uma wa nyasi

kirves

shoka

kottikärryt

toroli

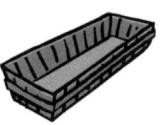

kaukalo

kupitia nyimbo

maitokannu

chombo cha maziwa

säkki

gunia

aita

ua

talli

imara

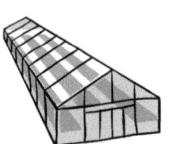

kasvihuone

chafu

maa

udongo

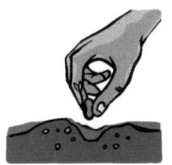

siemen

mbegu

lannoite

mbolea

leikkuupuimuri

kivunaji

maatila - shamba

kerätä sato

mavuno

sato

mavuno

jamssit

viazi vikuu

vehnä

ngano

soija

soya

peruna

viazi

maissi

mahindi

rypsi

rapa

hedelmäpuu

mti wa matunda

maniokki

muhogo

vilja

nafaka

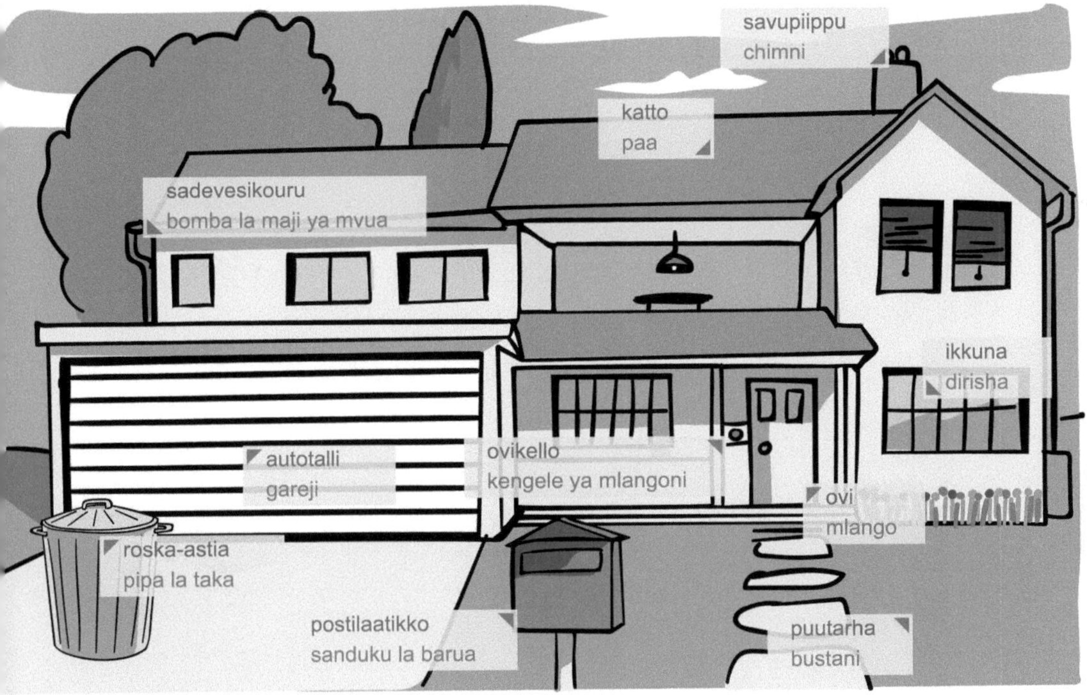

savupiippu
chimni

katto
paa

sadevesikouru
bomba la maji ya mvua

ikkuna
dirisha

autotalli
gareji

ovikello
kengele ya mlangoni

ovi
mlango

roska-astia
pipa la taka

postilaatikko
sanduku la barua

puutarha
bustani

olohuone

sebuleni

kylpyhuone

bafu

keittiö

jikoni

makuuhuone

chumba cha kulala

lastenhuone

chumba ya mtoto

ruokahuone

chumba cha kulia

talo - nyumba

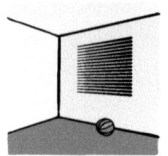

lattia

sakafu

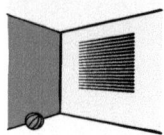

seinä

ukuta

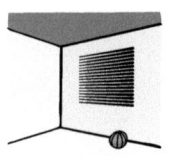

katto

dari

kellari

pishi

sauna

sauna

parveke

roshani

terassi

mtaro

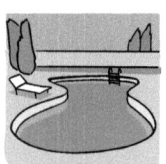

uima-allas

kidimbwi

ruohonleikkuri

mashine ya kukata nyasi

lakana

karatasi

päiväpeitto

kitambaa cha kupamba
kitanda

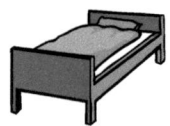

sänky

kitanda

harja

ufagio

ämpäri

ndoo

katkaisin

kubadili

olohuone
sebuleni

tapetti
mandhari
kuva
picha
lamppu
taa
hylly
rafu
kaappi
kabati
televisio
televisheni/runinga
takka
mekoni
kukka
ua
tyyny
mto
sohva
sofa
maljakko
chombo cha maua
kaukosäädin
kitenzambali

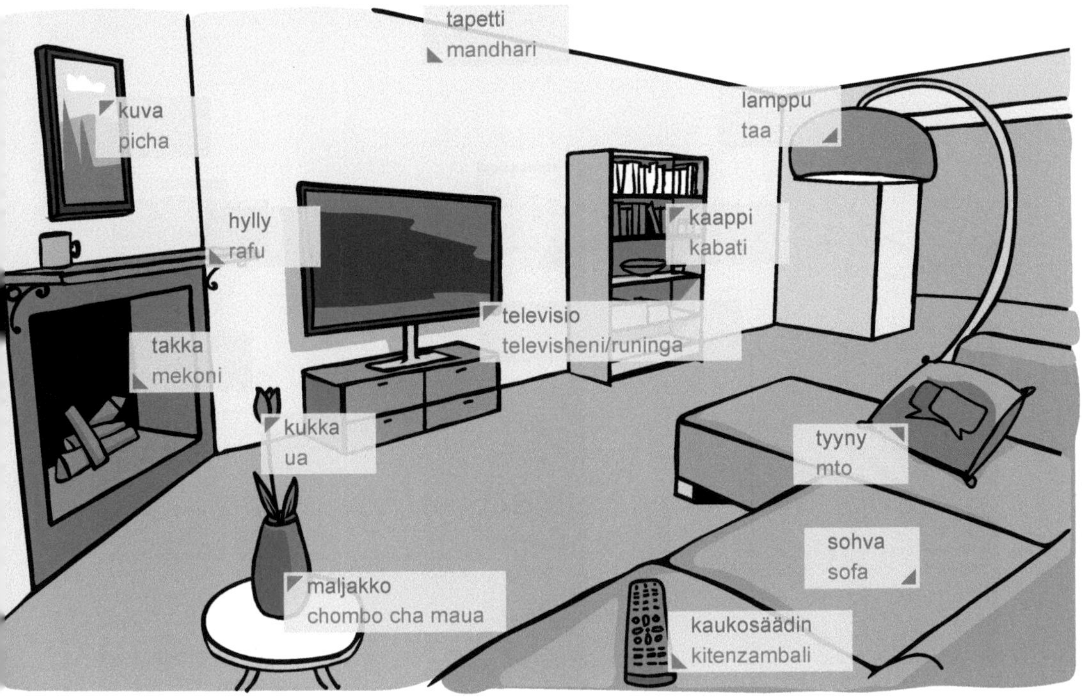

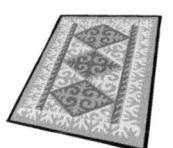

matto

zulia

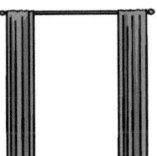

verho

pazia

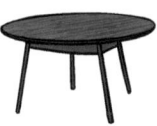

pöytä

meza

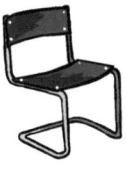

tuoli

kiti

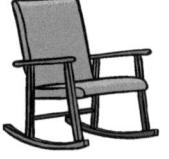

keinutuoli

kiti cha bembea

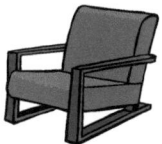

nojatuoli

armchair

kirja
kitabu

peitto
blanketi

koriste
mapambo

polttopuut
kuni

elokuva
filamu

stereot
kifaa cha hi-fi

avain
ufunguo

sanomalehti
gazeti

maalaus
uchoraji

juliste
bango

radio
redio

muistivihko
daftari

pölynimuri
kifyonza

kaktus
dungusi kakati

kynttilä
mshumaa

keittiö
jikoni

jääkaappi
jokofu
mikroaaltouuni
kikanza
keittiövaaka
wadogo jikoni
leivänpaahdin
kibaniko
pesuaine
sabuni
leivinuuni
stovu
pakastinlokero
friza
roska-astia
pipa la taka
astianpesukone
mashine ya kuoshea vyombo

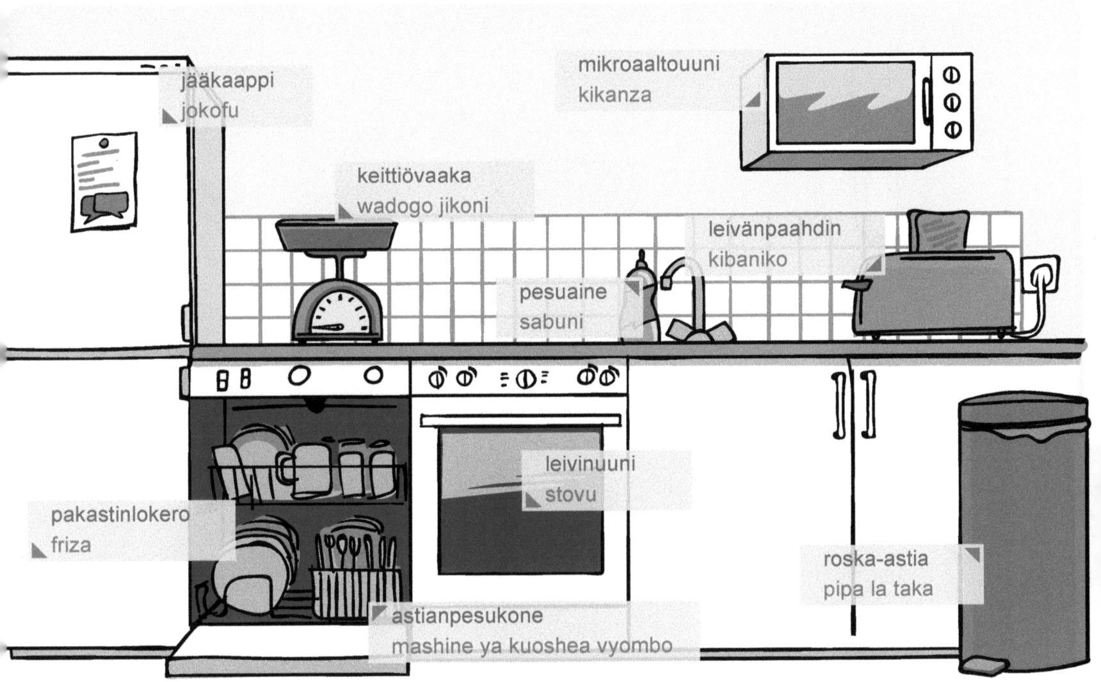

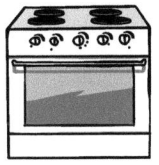

liesi

jiko la kupika

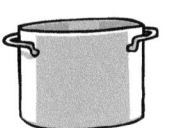

kattila

chungu

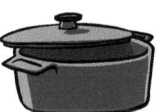

rautapata

sufuria ya chuma

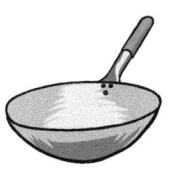

vokkipannu / kadai-pannu

wok / kadai

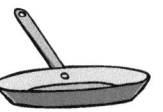

paistinpannu

kaango

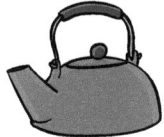

teepannu

birika

höyrykeitin

stima

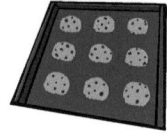

uunipelti

sinia ya kuoka

astiat

vyombo vya udongo

muki

kombe

kulho

bakuli

syömäpuikot

vijiti vya kulia

kauha

ukawa

paistinlasta

mwiko mpana

vispilä

burashi

siivilä

kichujio

siivilä

chujio

raastin

mbuzi

mortteli

chokaa

grilli

barbeque

avotuli

moto wazi

leikkuulauta

ubao wa majaribio

kaulin

kijiti cha kusukuma unga

korkinavaaja

kizibuo

purkki

kopo

purkinavaaja

inaweza kopo

pannulappu

kishikio cha chungu

lavuaari

karo

tiskiharja

brashi

pesusieni

sifongo

tehosekoitin

kisagaji matunda

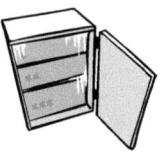

pakastin

friji ya kina

tuttipullo

chupa ya mtoto

vesihana

bomba

kylpyhuone
bafu

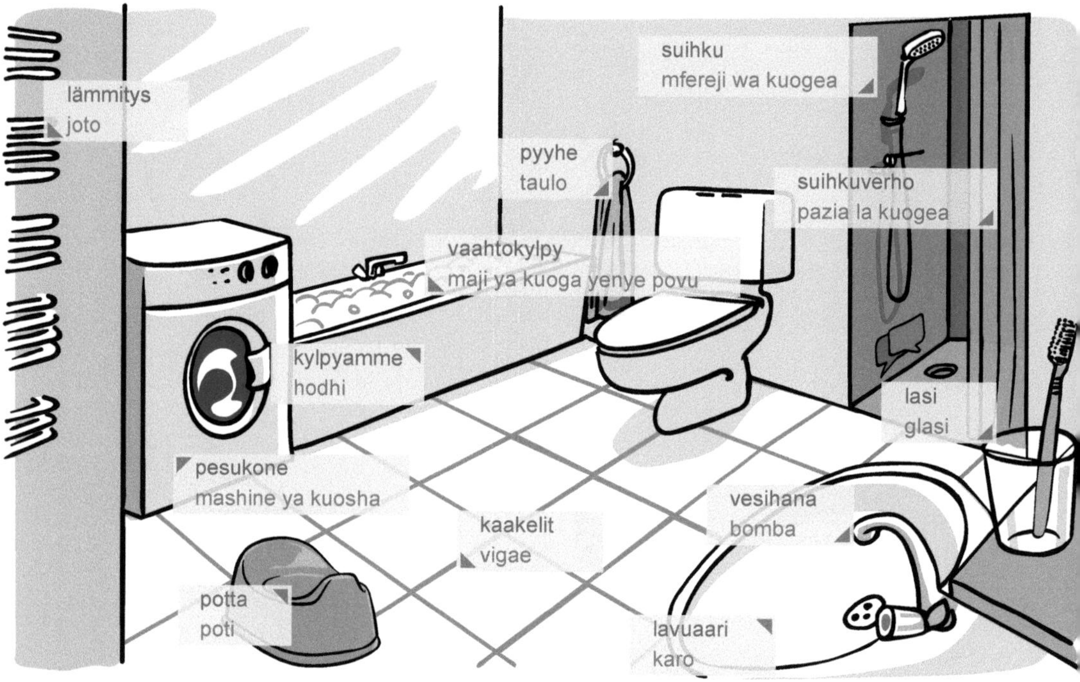
lämmitys
joto
suihku
mfereji wa kuogea
pyyhe
taulo
suihkuverho
pazia la kuogea
vaahtokylpy
maji ya kuoga yenye povu
kylpyamme
hodhi
lasi
glasi
pesukone
mashine ya kuosha
vesihana
bomba
kaakelit
vigae
potta
poti
lavuaari
karo

vessa

choo

kyykkyvessa

choo cha squat

bidee

beseni la mviringo

pisuaari

choo cha umma

vessapaperi

shashi

vessaharja

brashi ya choo

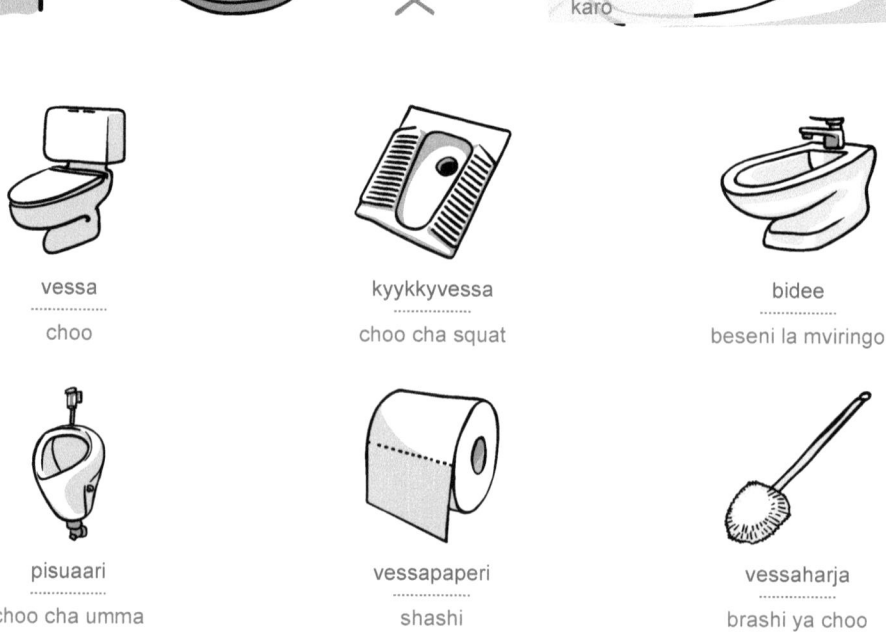

hammasharja
mswaki

hammastahna
dawa ya meno

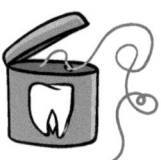

hammaslanka
dawa ya meno

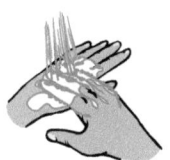

pestä
safisha

käsisuihku
kuoga mkono

intiimisuihku
msukumo wa maji

pesuvati
bonde

selkäharja
mpako wa pili

saippua
sabuni

suihkugeeli
jeli ya kuogea

shampoo
shampuu

pesulappu
flana

viemäri
toa maji

voide
krimu

deodorantti
kiondoa harufu

peili
kioo

käsipeili
kioo mkono

partaveitsi
kinyozi

partavaahto
povu la kunyoa

partavesi
baada ya kunyoa

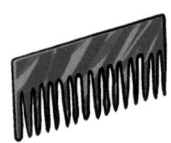

kampa
kichana

harja
brashi

hiustenkuivaaja
kikausha nywele

hiuslakka
marashi ya nyewele

meikki
vipodozi

huulipuna
kidomwa

kynsilakka
varnish ya msumari

pumpuli
pamba

kynsisakset
mkasi wa kucha

hajuvesi
manukato

kosmetiikkalaukku

mkoba wa kuosha

jakkara

kinyesi

vaaka

mizani

kylpytakki

nguo ya kuoga

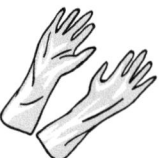

kumihansikkaat

glavu za mpira

tamponi

kisodo

terveysside

sodo

kemiallinen wc

kemikali choo

lastenhuone
chumba ya mtoto

herätyskello
saa ya kengele
pehmolelu
kidoli cha kupakata
leikkiauto
gari bandia
helistin
kelele
nukkekoti
chumba cha midoli
lahja
sasa

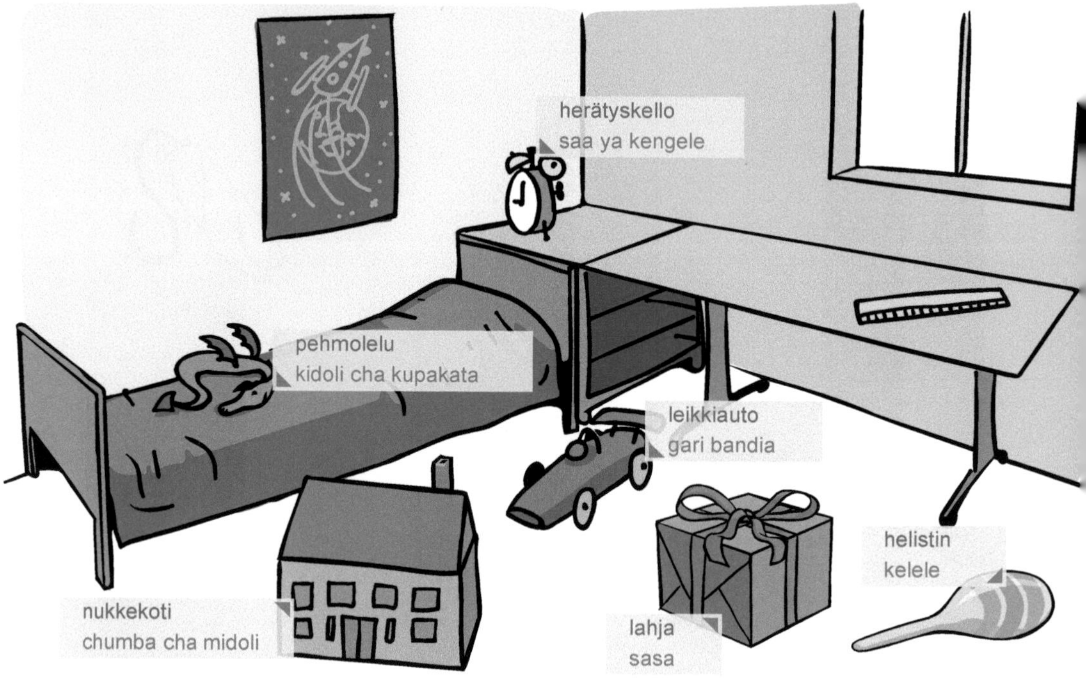

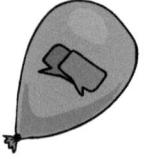

ilmapallo

baluni

sänky

kitanda

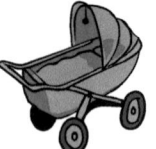

lastenvaunut

mashua

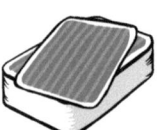

korttipeli

staha ya kadi

palapeli

mchezo-fumb

SUPER MEGA

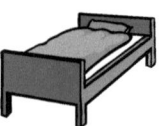

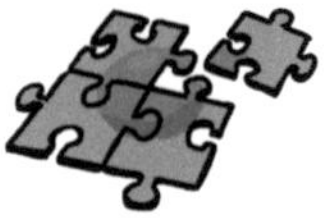

sarjakuva

vichekesho

legopalikat

matofali lego

rakennuspalikat

vitalu mwigo

supersankari

hatua takwimu

potkupuku

suti ya kulalia

frisbee

kisahani

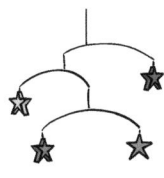

mobile

simu

lautapeli

ubao wa michezo

noppa

kete

pienoisjunarata

garimoshi mwigo

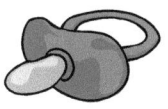

tutti

dummy

juhlat

chama

kuvakirja

picha kitabu

pallo

mpira

nukke

kikaragosi

leikkiä

kucheza

lastenhuone - chumba ya mtoto

hiekkalaatikko

shimo la mchanga

keinu

bembea

lelut

vitu bandia

pelikonsoli

kiweko cha video ya mchezo

kolmipyörä

baiskeli ya magurudumu

nalle

mwanasesere

vaatekaappi

kabati

matatu

vaatteet

nguo

sukat

soksi

nylonsukat

stokingi

sukkahousut

kibano

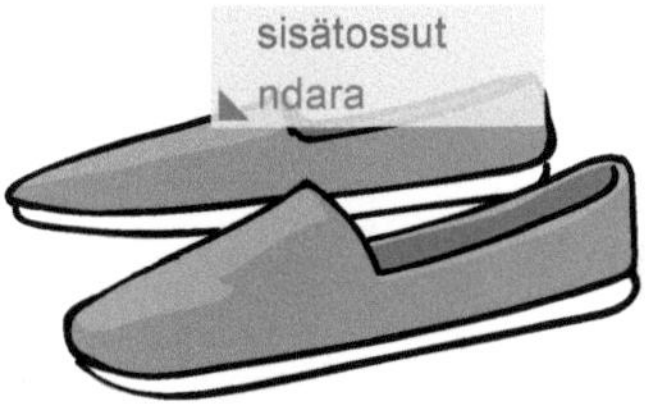

kaulaliina
skafu

sateenvarjo
mwavuli

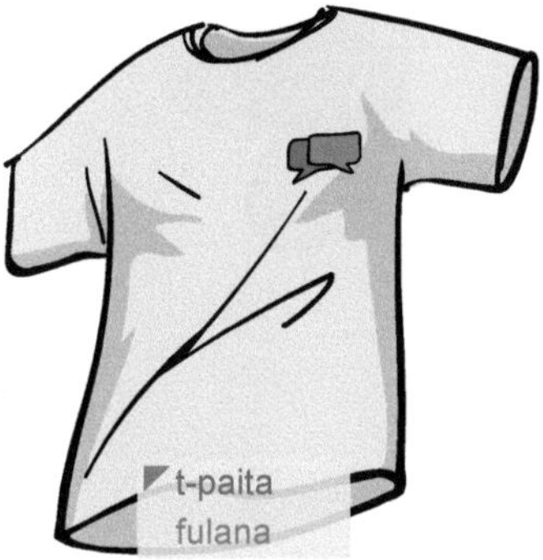

t-paita
fulana

vyö
ukanda

saappaat
viatu

sisätossut
ndara

lenkkarit
wakufunzi

sandaalit
malapa

kengät
viatu

kumisaappaat
mabuti ya mpira

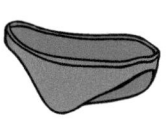

alushousut
suruali ya ndani

rintaliivit
sidiria

aluspaita
fulana

vaatteet - nguo

45

body
mwili

housut
suruali

farkut
dangirizi

hame
sketi

pusero
blauzi

paita
shati

villapaita
vuta

collegepaita
sweta

jakku
bleza

takki
jaketi

takki
koti

sadetakki
koti la mvua

puku
maleba

mekko
gauni

hääpuku
mavazi ya harusi

puku

suti

yöpaita

vazi la usiku

pyjama

pajama

shari

sari

päähuivi

skafu

turbaani

kilemba

burka

burka

kaftaani

kaftan

abaya

abaya

uimapuku

vazi la kuogelea

uimahousut

vazi la kiume la kuogelea

shortsit

kaptura

verkkarit

teitei

esiliina

aproni

käsineet

glavu

vaatteet - nguo

nappi

kifungo

silmälasit

glasi

rannekoru

bangili

kaulakoru

mkufu

sormus

pete

korvakoru

herini

lippalakki

kofia

ripustin

kiango cha koti

hattu

kofia

solmio

tai

vetoketju

zipu

kypärä

kofia

henkselit

kanda za suruali

koulupuku

sare za shule

univormu

sare

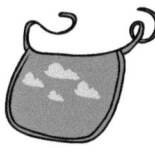

ruokalappu

bibu

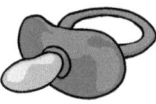

tutti

dummy

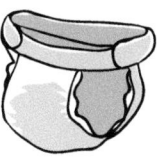

vaippa

nepi

toimisto
ofisi

palvelin
seva
asiakirjakaappi
kabati la kuweka faili
tulostin
kichapishaji
paperi
karatasi
näyttö
kiwambo
hiiri
kipanya
kirjoituspöytä
dawati
kansio
folda
näppäimistö
kibodi
tuoli
kiti
kakori
apu cha kuweka karatasi chafu
tietokone
kompyuta

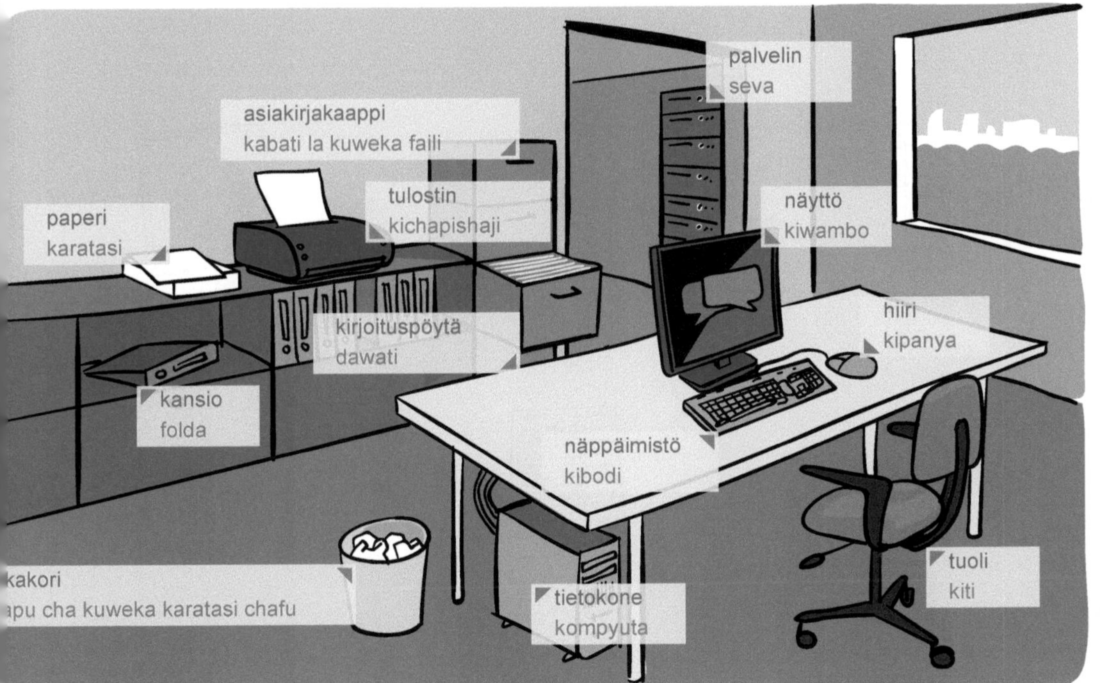

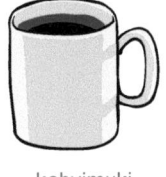

kahvimuki

kmobe la kahawa

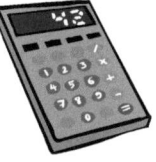

taskulaskin

kikokotoo

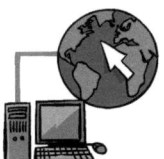

internet

biashara

kannettava tietokone

mbali

kirje

barua

viesti

ujumbe

kännykkä

rununu

verkko

intaneti

kopiokone

fotokopia

ohjelmisto

programu

puhelin

simu

pistorasia

soketi

faksi

kipepesi

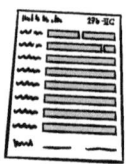

lomake

fomu

asiakirja

hati

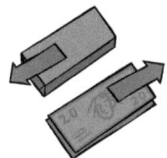

ostaa

kununua

maksaa

kulipa

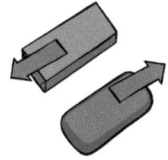

vaihtaa

biashara

raha

fedha

 USD

dollari

dola

 EUR

euro

yuro

 JPY

jeni

yeni

 RUB

rupla

rouble

 CHF

frangi

faranga ya Uswisi

 CNY

renminbi juan

renminbi yuan

 INR

rupia

rupia

pankkiautomaatti

eneo la kulipia

rahanvaihto

ofisi ya ubadilishanaji

kulta

dhahabu

hopea

fedha

öljy

mafuta

energia

nishati

hinta

bei

sopimus

mkataba

vero

kodi

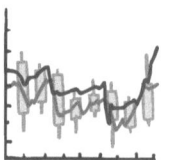

osake

bidhaa

työskennellä

kazi

työntekijä

mfanyakazi

työnantaja

mwajiri

tehdas

kiwanda

liike

duka

poliisi
afisa wa polisi

palomies
mzimamoto

kokki
mpishi

lääkäri
daktari

lentäjä
rubani

puutarhuri
mtunza bustani

puuseppä
seremala

ompelija
mshonaji

tuomari
hakimu

kemisti
mwanakemia

näyttelijä
muigizaji

linja-autonkuljettaja

dereva wa basi

taksinkuljettaja

dereva wa teksi

kalastaja

mvuvi

siivooja

mwanamke wa kusafisha

katontekijä

mwezekaji

tarjoilija

mhudumu

metsästäjä

mwindaji

maalari

mchoraji

leipuri

mwokaji

sähköasentaja

umeme

rakentaja

mjenzi

insinööri

mhandisi

teurastaja

mchinjaji

putkiasentaja

fundi bomba

postinjakaja

mwanaposta

sotilas

mwanajeshi

arkkitehti

msanifu majengo

kassanhoitaja

keshia

floristi

muuza maua

kampaaja

msusi

konduktööri

kondakta

mekaanikko

mekanika

kapteeni

nahodha

hammaslääkäri

daktari wa meno

tiedemies

mwanasayansi

rabbi

rabbi

imaami

imamu

munkki

mtawa

pappi

kasisi

työkalut

zana

vasara
nyundo
pihdit
koleo
ruuvimeisseli
bisibisi
jakoavain
spana
taskulamppu
kurunzi

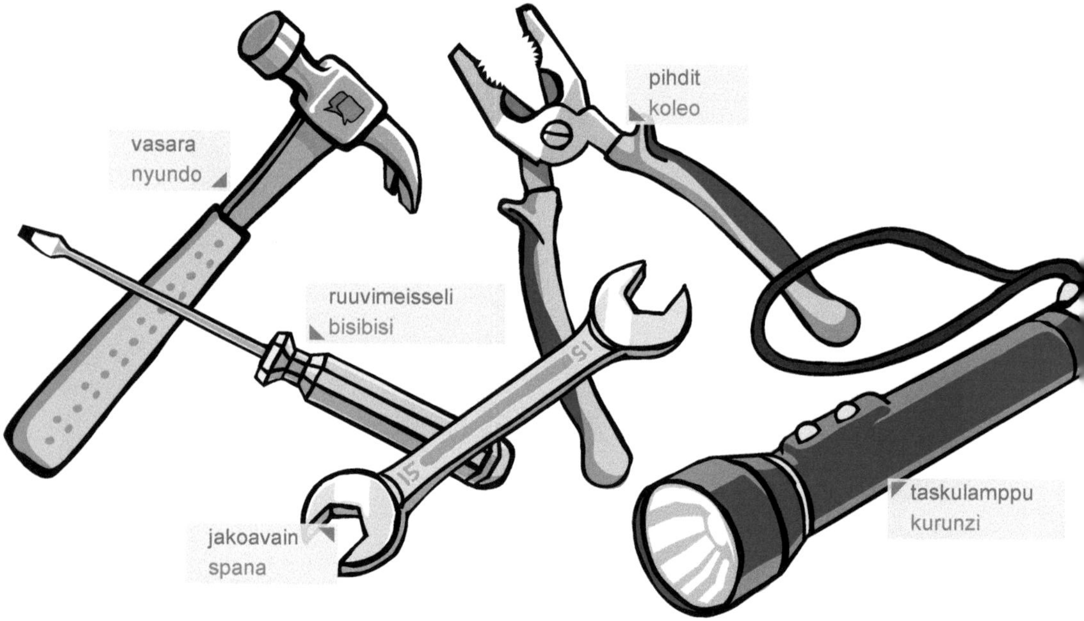

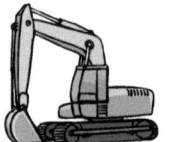

kaivinkone

mchimbaji

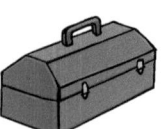

työkalupakki

sanduku la vifaa

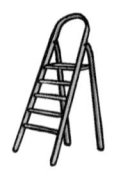

tikkaat

ngazi

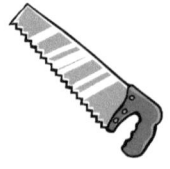

saha

msumeno

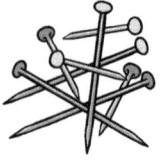

naulat

misumari

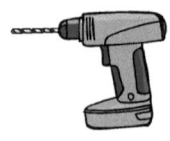

pora

kuchimba visima

korjata
kukarabati

lapio
sepetu

Hitto!
Lo!

rikkalapio
kishikio cha uchafu

maalipurkki
chungu cha rangi

ruuvit
skurubu

soittimet
ala za muziki

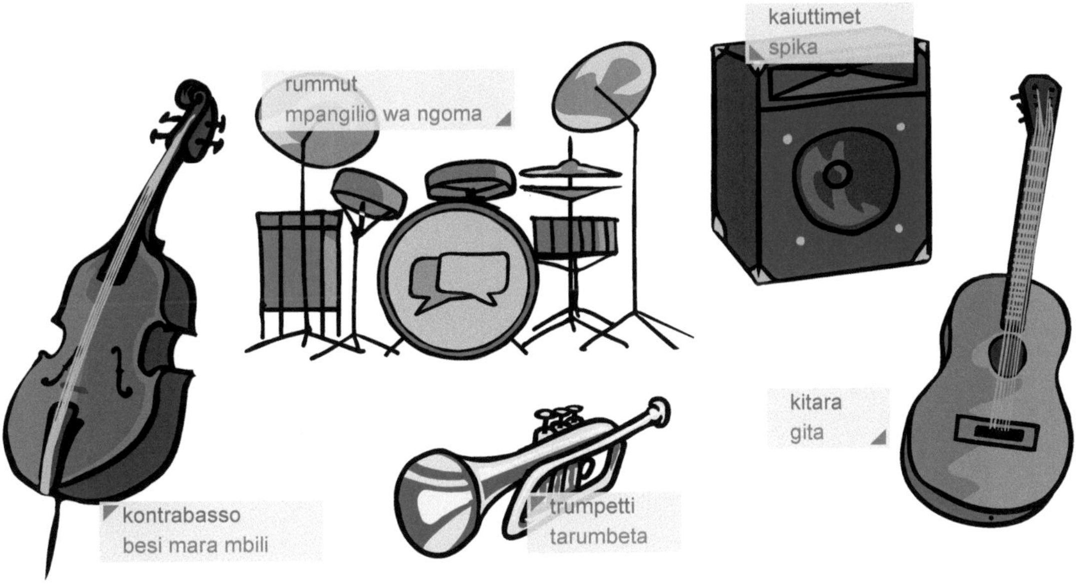

rummut
mpangilio wa ngoma

kaiuttimet
spika

kitara
gita

kontrabasso
besi mara mbili

trumpetti
tarumbeta

piano
piano

viulu
fidla

basso
ubeji

patarummut
timpani

rumpu
ngoma

kosketinsoitin
kibodi

saksofoni
saksafoni

huilu
filimbi

mikrofoni
maikrofoni

eläintarha
bustani ya wanyama

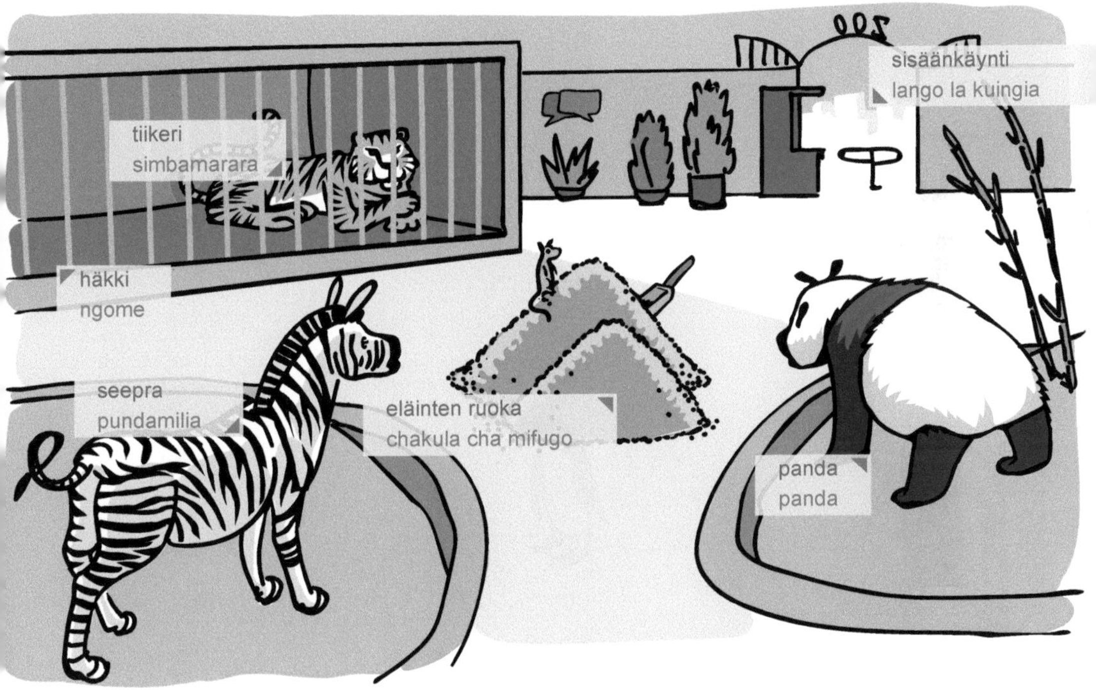
sisäänkäynti
lango la kuingia
tiikeri
simbamarara
häkki
ngome
seepra
pundamilia
eläinten ruoka
chakula cha mifugo
panda
panda

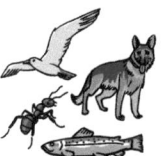

eläimet
wanyama

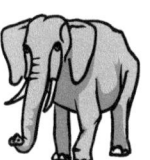

norsu
tembo

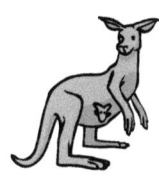

kenguru
kangaruu

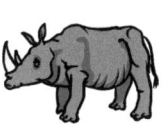

sarvikuono
kifaru

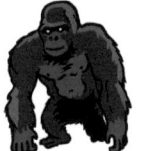

gorilla
sokwe

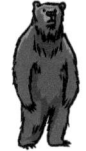

karhu
dubu

kameli

ngamia

strutsi

mbuni

leijona

simba

apina

tumbili

flamingo

heroe

papukaija

kasuku

jääkarhu

dubu

pingviini

penguini

hai

papa

riikinkukko

tausi

käärme

nyoka

krokotiili

mamba

eläintarhanhoitaja

mtunza wanyama

hylje

muhuri

jaguaari

jaguar

poni

mwanafarasi

leopardi

chui

virtahepo

kiboko

kirahvi

twiga

kotka

tai

villisika

nguruwe mwitu

kala

samaki

kilpikonna

kobe

mursu

sili

kettu

mbweha

gaselli

paa

amerikkalainen jalkapallo
soka ya marekani

pyöräily
uendeshaji baiskeli

tennis
tenisi

koripallo
mpira wa kikapu

uinti
kuogelea

jääkiekko
magongo ya barafuni

nyrkkeily
ndondi

jalkapallo
soka

sulkapallo
vinyoya

yleisurheilu
riadha

käsipallo
mpira wa mikono

hiihto
skii

poolo
polo

aktiviteetit
shughuli

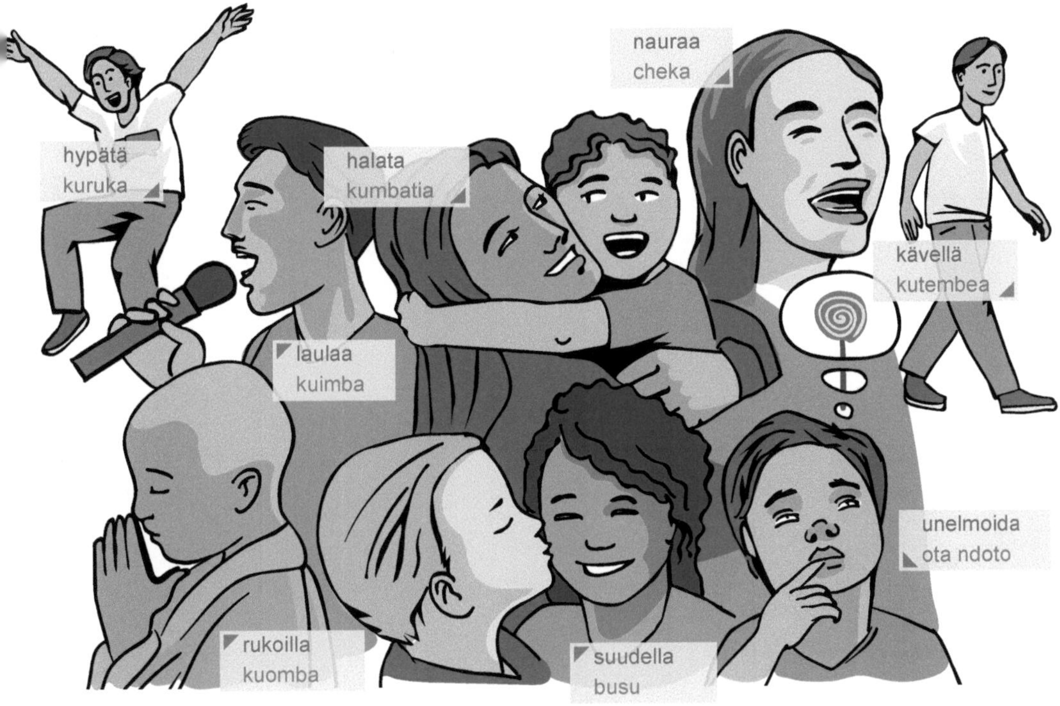

nauraa
cheka
hypätä
kuruka
halata
kumbatia
kävellä
kutembea
laulaa
kuimba
unelmoida
ota ndoto
rukoilla
kuomba
suudella
busu

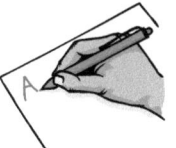

kirjoittaa
kuandika

piirtää
kuteka

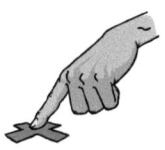

näyttää
angalia

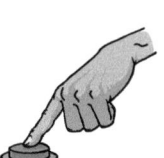

painaa
sukuma

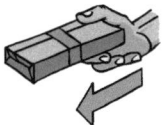

antaa
kutoa

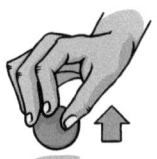

ottaa
kuchukua

omistaa

kuwa

tehdä

fanya

olla

kuwa

seisoa

kusimama

juosta

kukimbia

vetää

vuta

heittää

kutupa

kaatua

kuanguka

maata

hadaa

odottaa

kusubiri

kantaa

kubeba

istua

kukaa

pukeutua

vaa nguo

nukkua

usingizi

herätä

kuamka

katsoa

kuangalia

itkeä

lia

silittää

kiharusi

kammata

chana nywele

puhua

ongea

ymmärtää

kuelewa

kysyä

kuuliza

kuunnella

kusikiliza

juoda

kunywa

syödä

kula

siivota

nadhifisha

rakastaa

upendo

keittää

mpishi

ajaa

gari

lentää

kuruka

purjehtia

meli

laskea

kokotoa

lukea

kusoma

oppia

kujifunza

työskennellä

kazi

mennä naimisiin

kuoa

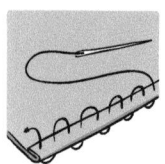

ommella

kushona

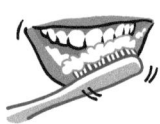

pestä hampaat

piga mswaki

tappaa

kuua

tupakoida

moshi

lähettää

kutuma

perhe
familia

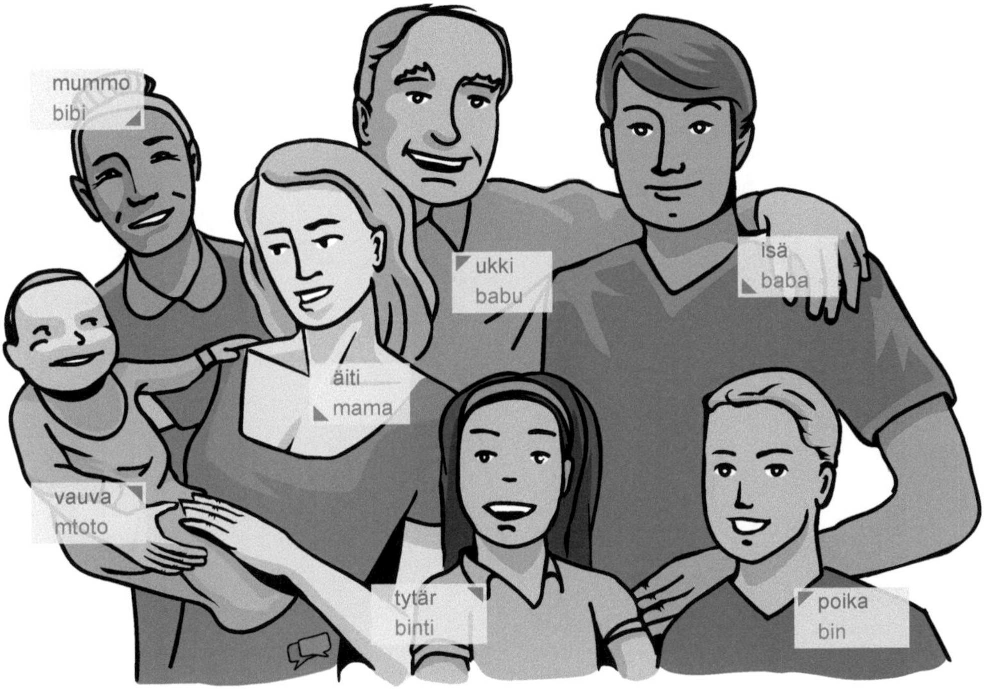
mummo
bibi
ukki
babu
isä
baba
äiti
mama
vauva
mtoto
tytär
binti
poika
bin

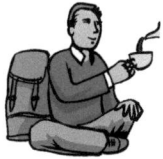

vieras
mgeni

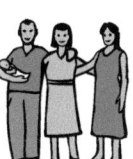

täti
shangazi

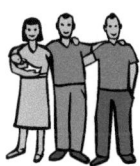

setä
mjomba

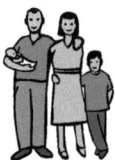

veli
kaka

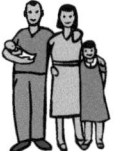

sisko
dada

vartalo

mwili

otsa
paji la uso
silmä
jicho
olkapää
bega
sormet
kidole
kasvot
uso
leuka
kidevu
käsi
mkono
jalka
mguu
rinta
matiti
käsivarsi
mkono

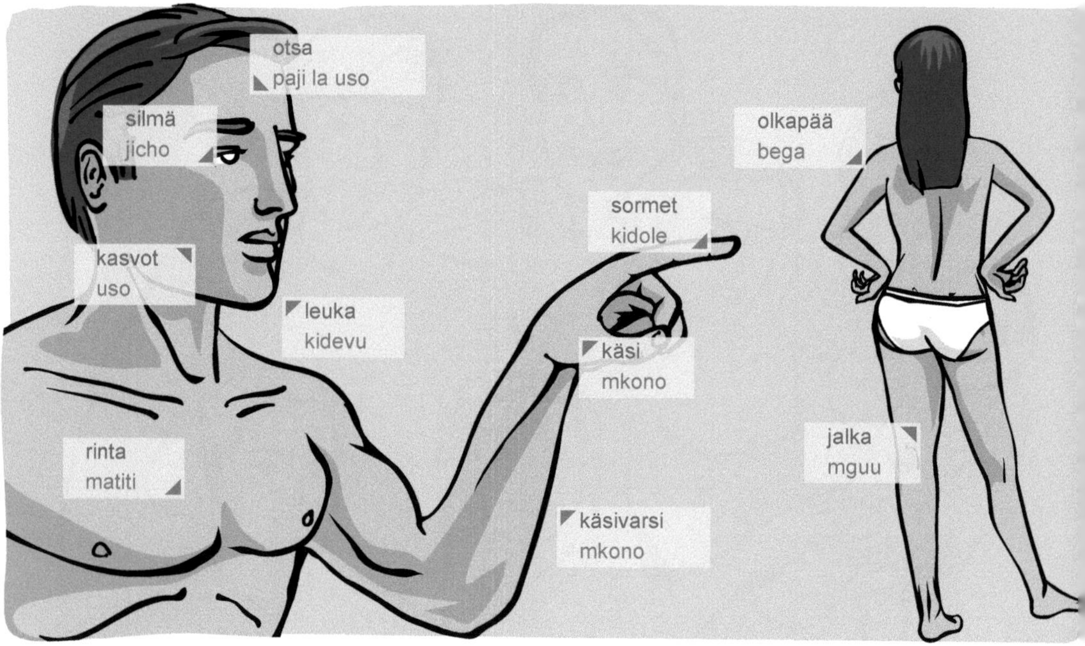

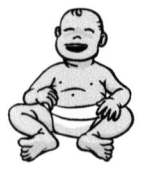

vauva

mtoto

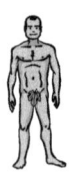

mies

mwanamume

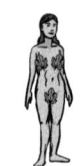

nainen

mwanamke

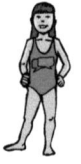

tyttö

msichana

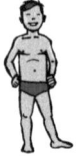

poika

mvulana

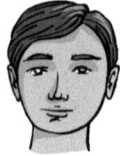

pää

kichwa

selkä
nyuma

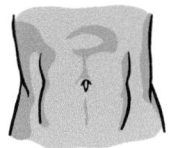

maha
tumbo

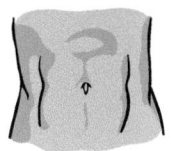

napa
kitovu

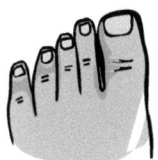

varvas
chano

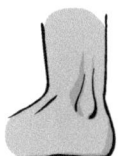

kantapää
kisigino

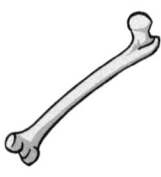

luu
mfupa

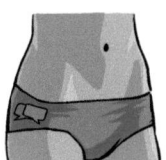

lantio
nyonga

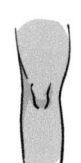

polvi
goti

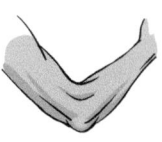

kyynärpää
kiwiko

nenä
pua

takapuoli
chini

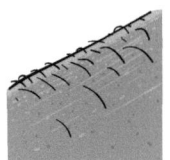

iho
ngozi

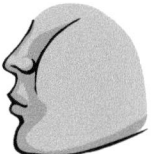

poski
shavu

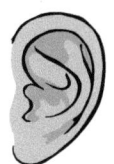

korva
sikio

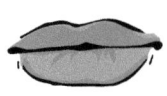

huuli
mdomo

suu
kinywa

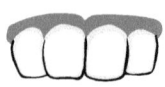

hammas
jino

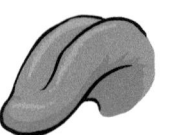

kieli
ulimi

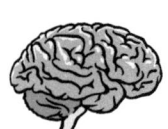

aivot
ubongo

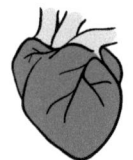

sydän
moyo

lihas
misuli

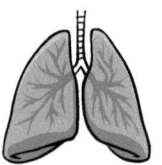

keuhkot
pafu

maksa
ini

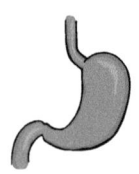

vatsa
tumbo

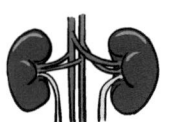

munuaiset
figo

seksi
jinsia

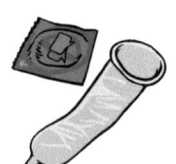

kondomi
kondomu

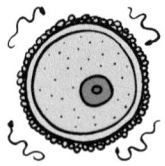

munasolu
ovari

sperma
shahawa

raskaus
mimba

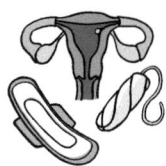

kuukautiset

hedhi

vagina

uke

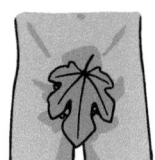

penis

uume

kulmakarvat

unyusi

hiukset

nywele

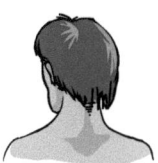

niska

shingo

sairaala
hospitali

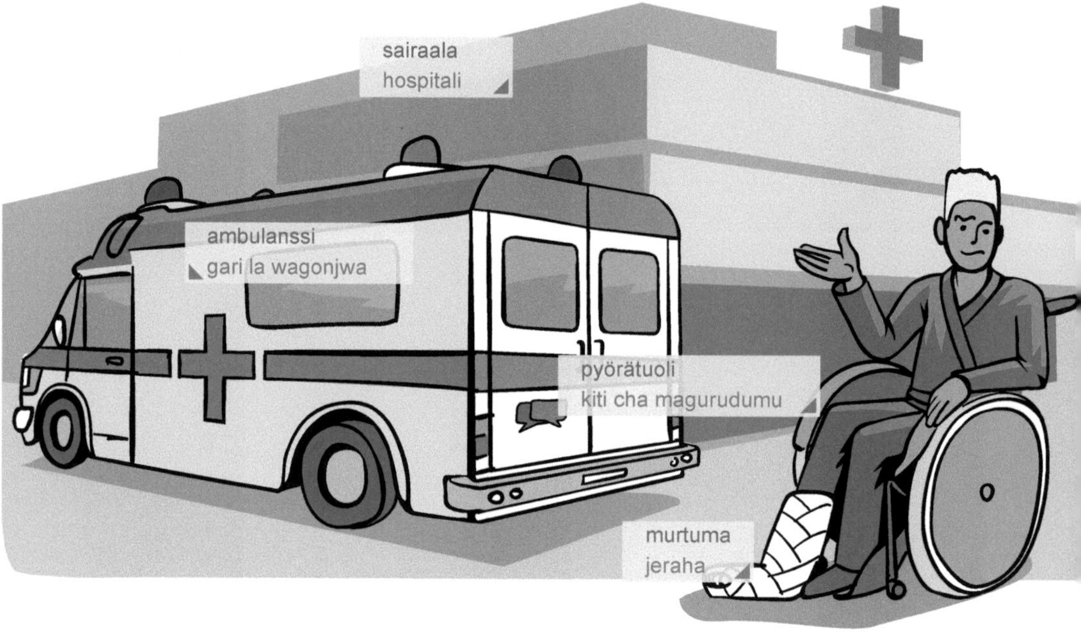

sairaala
hospitali
ambulanssi
gari la wagonjwa
pyörätuoli
kiti cha magurudumu
murtuma
jeraha

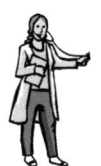

lääkäri

daktari

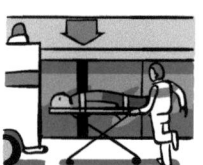

ensiapu

chumba cha dharura

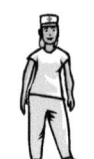

sairaanhoitaja

muuguzi

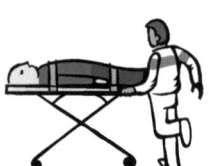

hätätilanne

dharura

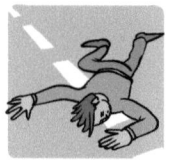

tajuton

kupoteza fahamu

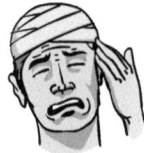

kipu

maumivu

vamma

kuumia

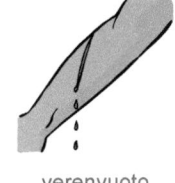

verenvuoto

kutokwa na damu

sydänkohtaus

mshtuko wa moyo

aivoinfarkti

kiharusi

allergia

mzio

yskä

kikohozi

kuume

homa

flunssa

mafua

ripuli

kuharisha

päänsärky

maumivu ya kichwa

syöpä

kansa

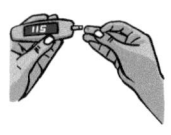

diabetes

ugonjwa wa kisukari

kirurgi

daktari mpasuaji

veitsi

kisu kidogo cha kupasulia

leikkaus

operesheni

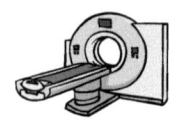

ct

picha changanufu ya mwili

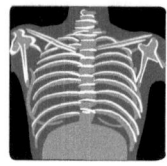

röntgen

Eksrei

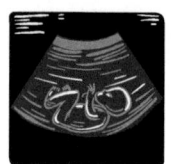

ultraääni

mawimbi sauti

maski

barakoa ya uso

sairaus

ugonjwa

odotushuone

chumba cha kusubiri

sauva

mkongojo

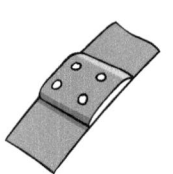

laastari

plasta

side

bendeji

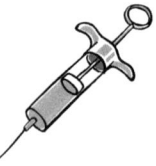

pistos

sindano

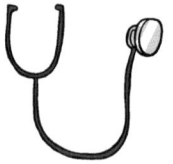

stetoskooppi

stetoskopu

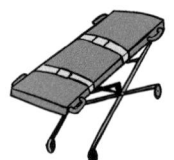

paarit

machela

kuumemittari

kipimajoto cha kliniki

syntymä

kuzaliwa

ylipaino

unene kupita kiasi

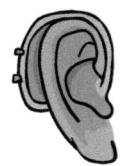

kuulolaite

kusikia misaada

desinfiointiaine

kipukusi

infektio

maambukizi

virus

virusi

HIV / AIDS

VVU / UKIMWI

lääke

dawa

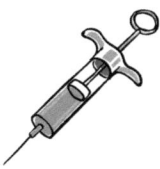

rokotus

chanjo

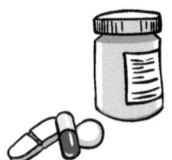

tabletit

vidonge

pilleri

kidonge

hätäpuhelu

simu ya dharura

verenpainemittari

haemodainamometa

sairas / terve

mgonjwa / mwenye afya

Apua!	hälytys	ryöstö
Msaada!	kengele	pigo

hyökkäys	vaara	hätäuloskäynti
shambulizi	hatari	lango la dharura

Tulipalo!	palosammutin	onnettomuus
Moto!	kizima moto	ajali
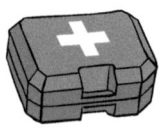		
ensiapulaukku	SOS	poliisilaitos
vifaa vya huduma ya kwanza	wito wa msaada	polisi

Eurooppa

Ulaya

Pohjois-Amerikka

Amerika ya Kaskazini

Etelä-Amerikka

Amerika ya Kusini

Afrikka

Afrika

Aasia

Asia

Australia

Australia

Atlantin valtameri

Atlantiki

Tyynimeri

Pasifiki

Intian valtameri

Bahari ya Hindi

Eteläinen jäämeri

Bahari ya Antaktiki

Pohjoinen jäämeri

Bahari ya Aktiki

pohjoisnapa

Ncha ya Kaskazini

etelänapa

Ncha ya Kusini

Antarktis

Antaktika

maa

dunia

maa

nchi

meri

bahari

saari

kisiwa

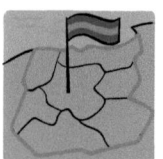

kansa

taifa

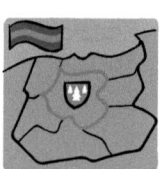

osavaltio

jimbo

kellotaulu

uso wa saa

tuntiviisari

akrabu ya saa

minuuttiviisari

akrabu ya dakika

sekuntiviisari

akrabu ya sekunde

Paljonko kello on?

Ni saa ngapi?

päivä

siku

aika

wakati

nyt

sasa

digitaalikello

saa ya dijitali

minuutti

dakika

tunti

saa

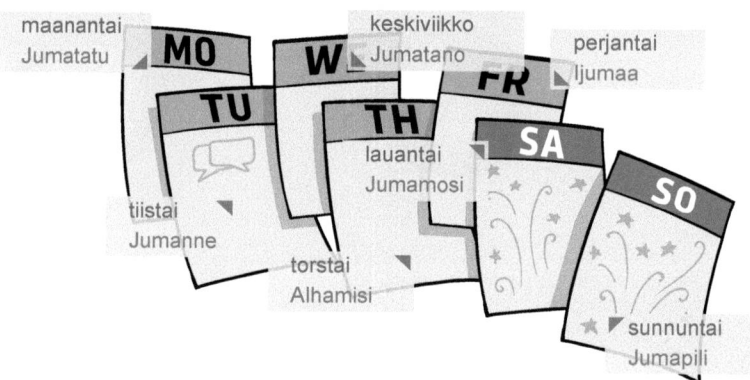

maanantai
Jumatatu

keskiviikko
Jumatano

perjantai
Ijumaa

lauantai
Jumamosi

tiistai
Jumanne

torstai
Alhamisi

sunnuntai
Jumapili

eilen

jana

tänään

leo

huomenna

kesho

aamu

asubuhi

keskipäivä

saa sita mchana

ilta

jioni

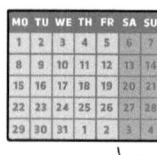

työpäivät

siku za biashara

viikonloppu

mwishoni mwa wiki

sade
mvua

sateenkaari
upinde wa mvua

lumi
theluji

tuuli
upepo

kevät
majira ya machipuko

syksy
vuli

kesä
kiangazi

talvi
majira ya baridi

4.APRIL	11°	☀
5.APRIL	4°	⛅
6.APRIL	13°	🌧
7.APRIL	8°	☀
8.APRIL	10°	☀

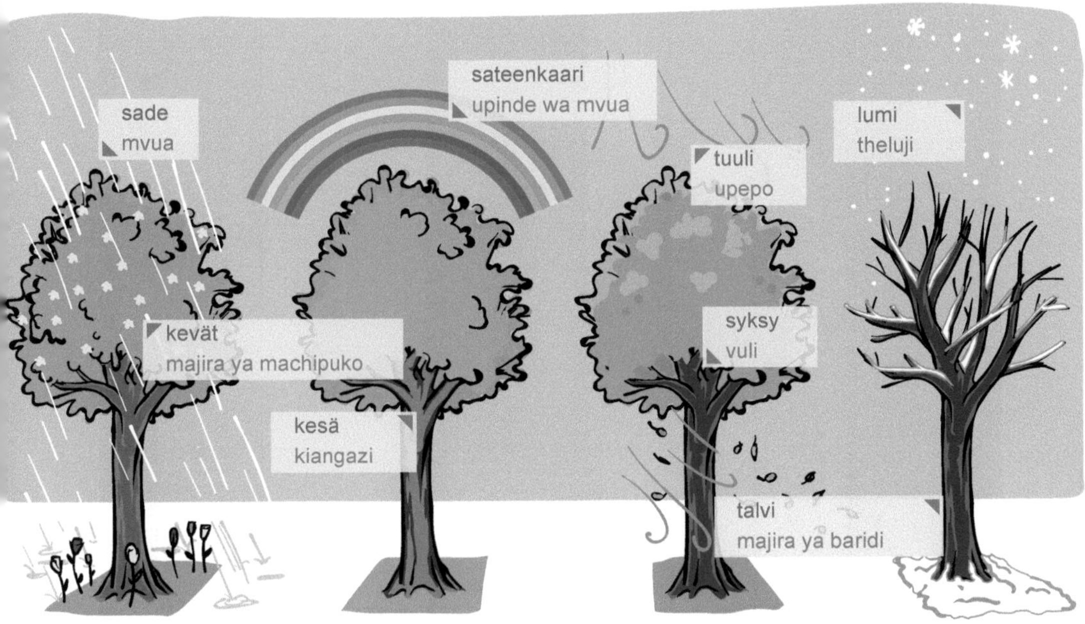

sääennuste

utabiri wa hali ya hewa

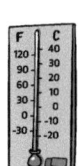

lämpömittari

kipimajoto

auringonpaiste

mwanga wa jua

pilvi

wingu

sumu

ukungu

ilmankosteus

unyevu

salama

umeme

ukkonen

radi

myrsky

dhoruba

rae

mvua ya mawe

monsuuni

monsuni

tulva

mafuriko

jää

barafu

tammikuu

Januari

helmikuu

Februari

maaliskuu

Machi

huhtikuu

Aprili

toukokuu

Mei

kesäkuu

Juni

heinäkuu

Julai

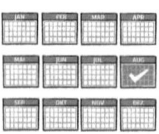

elokuu

Agosti

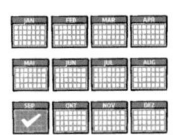

syyskuu
....
Septemba

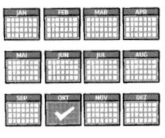

lokakuu
....
Oktoba

marraskuu
....
Novemba

joulukuu
....
Desemba

muodot
maumbo

ympyrä
....
mduara

neliö
....
mraba

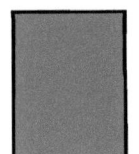

suorakulmio
....
mstatili

kolmio
....
pembetatu

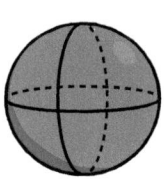

pallo
....
nyanja

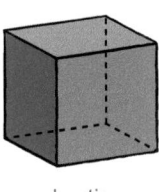

kuutio
....
mchemraba

valkoinen

nyeupe

keltainen

manjano

oranssi

chungwa

vaaleanpunainen

rangi ya waridi

punainen

nyekundu

violetti

hudhurungi

sininen

bluu

vihreä

kijani

ruskea

hanja

harmaa

jivujivu

musta

nyeusi

paljon / vähän

mengi / kidogo

vihainen / ystävällinen

hasira / pole

kaunis / ruma

nzuri / mbaya

alku / loppu

mwanzo / mwisho

suuri / pieni

kubwa / ndogo

vaalea / tumma

angavu / giza

veli / sisko

kaka / dada

puhdas / likainen

safi / chafu

täydellinen / epätäydellinen

kamilika / tokamilika

päivä / yö

siku / usiku

kuollut / elävä

wafu / hai

leveä / kapea

pana / nyembamba

syötävä / syömäkelvoton

kulika / kutolika

paha / kiltti

ovu / ema

innostunut / tylsistynyt

sisimkwa / udhika

lihava / laiha

nene / nyembamba

ensimmäinen / viimeinen

kwanza / mwisho

ystävä / vihollinen

rafiki / adui

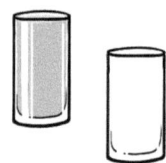

täysi / tyhjä

jaa / tupu

kova / pehmeä

ngumu / laini

painava / kevyt

nzito / nyepesi

nälkä / jano

njaa / kiu

sairas / terve

mgonjwa / mwenye afya

laiton / laillinen

haramu / kisheria

älykäs / tyhmä

akili / kijinga

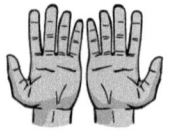

vasen / oikea

kushoto / kulia

lähellä / kaukana

karibu / mbali

uusi / käytetty

mpya / kutumika

ei mitään / jotain

kitu / jambo

vanha / nuori

zee / changa

päällä / pois päältä

waka / zima

auki / kiinni

wazi / fungwa

hiljainen / äänekäs

utulivu / kelele

rikas / köyhä

tajiri / masikini

oikein / väärin

sahihi / kosa

karhea / sileä

mbaya / laini

surullinen / iloinen

huzunika / furahia

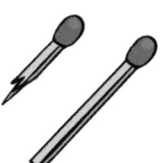

lyhyt / pitkä

fupi /ndefu

hidas / nopea

polepole / haraka

märkä / kuiva

nyevu / kavu

lämmin / viileä

joto / baridi

sota / rauha

vita / amani

0

nolla

sufuri

1

yksi

moja

2

kaksi

mbili

3

kolme

tatu

4

neljä

nne

5

viisi

tano

6

kuusi

sita

7

seitsemän

saba

8

kahdeksan

nane

9

yhdeksän

tisa

10

kymmenen

kumi

11

yksitoista

kumi na moja

12

kaksitoista

kumi na mbili

13

kolmetoista

kumi na tatu

14

neljätoista

kumi na nne

15

viisitoista

kumi na tano

16

kuusitoista

kumi na sita

17

seitsemäntoista

kumi na saba

18

kahdeksantoista

kumi na nane

19

yhdeksäntoista

kumi na tisa

20

kaksikymmentä

ishirini

100

sata

mia

1.000

tuhat

elfu

1.000.000

miljoona

milioni

englanti

Kiingereza

amerikanenglanti

Kiingereza cha Marekani

mandariinikiina

Kimandarini cha Uchina

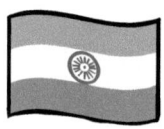

hindi

Kihindi

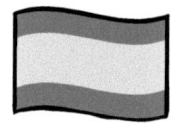

espanja

Kihispania

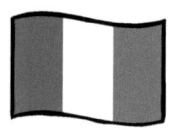

ranska

Kifaransa

arabia

Kiarabu

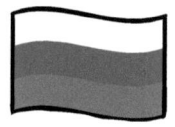

venäjä

Kirusi

portugali

Kireno

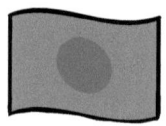

bengali

Kibengali

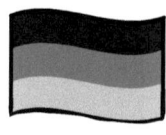

saksa

Kijerumani

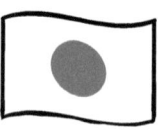

japani

Kijapani

minä

mimi

sinä

wewe

hän

yeye / yeye / ni

me

sisi

te

wewe

he

wao

kuka?

nani?

mitä / mikä?

nini?

miten?

jinsi gani?

missä?

wapi?

milloin?

lini?

nimi

jina

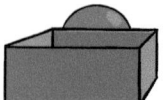

takana

nyuma

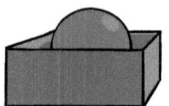

sisällä

katika

edessä

mbele ya

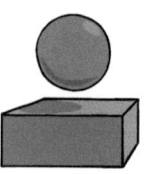

yläpuolella

juu ya

päällä

kwenye

alapuolella

chini ya

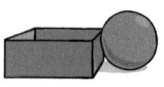

vieressä

kando

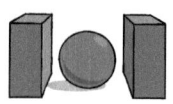

välissä

kati

paikka

mahali